Caroline Daphné Krein

SPIELEN TOBEN *Prophezeien*

Gemeinsam mit unseren Kindern
die geistliche Welt entdecken

SCM

Stiftung Christliche Medien

SCM R.Brockhaus ist ein Imprint der SCM Verlagsgruppe, die zur Stiftung Christliche Medien gehört, einer gemeinnützigen Stiftung, die sich für die Förderung und Verbreitung christlicher Bücher, Zeitschriften, Filme und Musik einsetzt.

Max-Eyth-Str. 41 · 71088 Holzgerlingen
Internet: www.scm-brockhaus.de · E-Mail: info@scm-brockhaus.de

Lektorat: Esther Schuster
Umschlaggestaltung: Kathrin Spiegelberg, Weil im Schönbuch
Titelbild: fizkes, istock.com
Autorenfoto: Christina Gilweit
Satz: typoscript GmbH, Walddorfhäslach
Druck und Bindung: GGP Media GmbH, Pößneck
Gedruckt in Deutschland
ISBN 978-3-417-01008-4
Bestell-Nr. 227.001.008

Inhalt

Zu Beginn

Es ist nun schon einige Jahre her, dass ich die ersten Bibelverse in meinem Notizbuch sammelte, in denen ich Gottes wertschätzenden Blick auf Kinder erkennen konnte. Wie die Spitze eines Eisbergs kamen sie mir vor, und so ist es bis heute: Wir können nur anfangen zu erahnen, wie sehr Gott Kinder schätzt und die Beziehung zu ihnen ernst nimmt. Auch wenn ich nicht weiß, wann genau ich damit begann, diese Bibelstellen aufzulisten, so weiß ich noch, wann Gott das erste Mal in Bezug auf dieses Thema zu mir sprach. Es war das erste Mal, dass ich überhaupt bewusst davon reden konnte, dass Gott zu mir gesprochen hatte. Gott fühlte sich davor zwar schon immer nah an, aber sein Reden in meinem Alltag wahrzunehmen, war bis dahin nicht alltäglich für mich.

Ich war 18 Jahre alt und stand vor meinem kleinen Schreibtisch im Zimmer des Studentenwohnheims der Bibelschule, an der ich gerade eine theologische Ausbildung machte. Sitzen konnte ich nicht mehr, nachdem ich Gott zum ersten Mal bewusst darum gebeten hatte, zu mir zu sprechen – mein ganzer Körper spürte eine Aufregung und dass etwas in der Luft lag. Die Atmosphäre passte fast nicht zu dem kurzen Satz, den ich dann wahrnahm und der sich viel zu unspektakulär für diesen Moment anfühlte. »Mach was mit Kindern« war der Gedanke, der mir wie ein sanfter Hauch und gleichzeitig mit einer einprägsamen Autorität in den Sinn kam und mich seitdem nicht mehr verlassen wollte. Ich hatte in den Jahren zuvor bereits meine ersten Erfahrungen in der Arbeit mit Kindern in der Kirchengemeinde gemacht, sodass dieser Satz mich direkt daran erinnerte. Viel mehr konnte ich ihm aber erst mal nicht zuordnen.

Als ich einige Jahre später, nach meinem Studium zur Rehabilitationspädagogik in Dortmund, Teil des Leitungsteams unserer kleinen Kirchengemeinde in der Dortmunder Nordstadt war, dachte ich immer noch an diesen Satz. Sollte ich besser nicht in der Gemeindeleitung sein, sondern lieber Kindergottesdienste gestalten? Schließlich kam ich zu dem Schluss: Ich hatte mein Studium absolviert, um damit in die Familienberatung zu gehen – der Satz von damals, »Mach was mit Kindern«, würde also so oder so einen Teil meines Alltags betreffen, in welcher Form auch immer ich ihn anwenden würde.

Zu der Zeit war mein erstes Kind noch klein und wir begannen gerade zu erleben, mit welcher Leichtigkeit Gott in unserem Alltag wirkte und zu uns und unserem Kind sprach. Unsere Freunde mit ähnlich alten Kindern erlebten Ähnliches. Hier und da gestaltete ich einen Kindergottesdienst für die Kinder unserer kleinen Gemeinschaft, die hauptsächlich aus Studenten bestand, doch ich spürte, dass Gott mir noch mehr zu dem Thema offenbaren wollte.

Nachdem meine Liste von Bibelstellen zu der Frage, warum wir erwarten können, mit Kindern Gott zu erleben, immer länger wurde, begann ich, die ersten Seminare dazu in Gemeinden zu halten. Neugierige Eltern und Mitarbeiter des Kinderbereichs hörten mir gespannt zu, und die meisten ließen sich auf die inspirierenden Geschichten dazu aus der Bibel und aus unserem Alltag ein. Dabei begegneten mir einige immer wiederkehrende Fragen.

- Warum sollten wir, ganz unabhängig von unseren Kindern, überhaupt Gottes Wirken und Reden in unserem Alltag erwarten?
- Wie kann man Gottes Reden wahrnehmen?
- Sind Kinder geistlich ernst zu nehmen?

Ein Seminar reichte nie aus, um diese und noch mehr Fragen in all ihrer Tiefe zu beantworten. Was ich aus der Bibel zusammengetragen hatte und das, was wir mit unseren Kindern erlebten, hätte inzwischen ein ganzes Buch füllen können, und so legte ich von Seminar zu Seminar einen anderen Schwerpunkt, der an die Zuhörerschaft und ihren gemeindlichen Kontext angepasst war.

Neben diesen wiederkehrenden Fragen gab es jedoch dieses eine Thema, das mich nach einem Seminar immer wieder mit dem Gefühl nach Hause fahren ließ, dass meine Inhalte nicht genügt hatten. Ich nahm bei den verschiedenen Eltern und Mitarbeitern immer wieder einen bestimmten Wunsch wahr, und zwar den Wunsch nach einem 10-Schritte-Programm zum Wirken Gottes im Alltag ihrer Familie.

Auf die unterschiedlichen Fragen zu dem großen Thema von der Beziehung zwischen Gott und Kindern hatte ich meist durchaus zufriedenstellende Antworten. Doch auf diesen Wunsch nach einem bis ins letzte Detail ausgearbeiteten Konzept, wie man nun als Familie oder im Kindergottesdienst Gottes Reden zu Kindern praktisch werden lassen konnte, konnte ich offensichtlich nie zufriedenstellend eingehen. Nachdem ich zunächst selbst enttäuscht von meinen Inhalten war, weil sie dieses Problem nicht zu lösen schienen, verstand ich nach und nach, dass das Problem in der Frage und nicht in meiner fehlenden Antwort lag.

Gottes Reden folgt nicht auf fünf richtige To-dos und die korrekte Anzahl an Tagen des Fastens und Betens. Es gibt kein einheitliches Konzept, das uns die Augen für das öffnen kann, was Gott im Leben einer Person und einer Familie tut. Wir wollten aus eigener Kraft zu diesem Punkt kommen, doch Gottes Wirken zu erkennen, funktioniert anders.

Gottes Reden folgt der Verbindung, die ein Mensch zu Gott hat, und sein Wirken beginnt sich dann vor seinen Augen zu öffnen, wenn sein Herz sich im Vertrauen darauf einlässt. Doch genau das, die Verbindung zu Gott und das vertrauensvolle Sichöffnen für sein Wirken, ist nicht mit einer Leiter zum Erfolg zu erreichen, die immer die gleichen vorhersehbaren Schritte vorgibt. Diese Verbindung zu Gott ist ein persönlicher Weg, den nur diese eine Person mit ihrem Gott gehen kann.

> Gottes Wirken beginnt sich dann vor unseren Augen zu öffnen, wenn unser Herz sich im Vertrauen darauf einlässt.

Der Wunsch nach einer von mir vorgegebenen Anleitung zum Erleben Gottes im eigenen Familienalltag offenbarte unsere Vorstellung davon, dass der Glaube ein Abhandeln gewisser Rituale sei. Der Gottesdienstbesuch, das Lesen in der Bibel, das Beten, all das waren unsere Rituale, die in ihrem Kern unglaublich wertvoll waren, aber in ihrer Umsetzung dazu führen konnten, dass wir vergaßen, dass es in unserem Glauben an Gott darum ging, eine persönliche Verbindung zwischen unserem Herzen und dem Herzen Gottes zu haben.

So merkte ich, dass das Thema, wie wir mit unseren Kindern gemeinsam Gott erleben können, nicht losgelöst davon gesehen werden kann, wer Gott für mich persönlich ist. Diese Frage kann nur jeder für sich selbst beantworten. Als Menschen, die mit Gott leben, haben wir uns manchmal schon zu sehr daran gewöhnt, mit allem, was der Glaube für uns bedeutet, bedient zu werden. Der Glaube ist aber immer noch vor allem eines: meine Verbindung zu meinem Gott.

Neben dem menschlich gesehen völlig nachvollziehbaren Wunsch nach einem 10-Schritte-Programm bemerkte ich außerdem einen Aspekt, der in großem Maße bestimmen würde, ob die Inhalte des Seminars einen Menschen vielleicht an der ein oder anderen Stelle nur inspirieren oder ob sie langfristigen Einfluss darauf haben würden, wie dieser Mensch von nun an Gottes Blick auf Kinder begreifen und sein Wirken mit seinen Kindern gemeinsam erleben würde.

Wenn eine Person in dem Glauben blieb, dass Gottes Wirken nicht zu erleben ist und dass Kinder geistlich gesehen keine für voll zu nehmenden Menschen sind, würde ihr alles, was ich sagte, nichts nützen. Die Botschaft, dass Gott Kinder ernst nimmt und er erlebbar ist, war kraftlos, wenn sie nicht auf den fruchtbaren Boden eines offenen Herzens stieß. »Denn diese gute Botschaft wurde uns genauso verkündet wie ihnen. Aber sie nützte ihnen nichts, weil sie nicht glaubten, was Gott ihnen sagte« (Hebräer 4,2).

Immer noch muss ich euch, meine lieben Leser, enttäuschen. Inzwischen habe ich drei Kinder, arbeite seit mehreren Jahren als Coach für Leben und Familie und habe viel mit meinen Kindern und Gott in unserer Mitte erlebt. Dennoch habe ich immer noch kein 10-Schritte-Programm zu einem Familienleben mit Gott mittendrin. Das Gute daran ist: Ihr seid und bleibt die Experten für eure Familie. Ihr seid mündig und fähig, euren Weg mit Gott zu gehen. Ihr habt alles, was ihr braucht, wenn ihr nur das eine habt: ein offenes Herz, um Gott zu finden. Denn das ist sicher: Wenn ihr ihn sucht, dann wird er sich von euch finden lassen.

> »Wenn ihr mich sucht, werdet ihr mich finden; ja, wenn ihr ernsthaft, mit ganzem Herzen nach mir verlangt, werde ich mich von euch finden lassen«, spricht der Herr.
> *Jeremia 29,13–14*

Ich kann für niemanden den Weg der persönlichen Verbindung mit Gott gehen.

Ich kann niemandem eine To-do-Liste an die Hand geben, mit der wir das Ziel »Gott in unserem Familienalltag« erreichen.

Was ich aber tun kann und in diesem Buch tun möchte, ist dies:

Ich kann erzählen, warum ich, unabhängig von meinen Kindern, in meinem Leben begann, Gottes Wirken zu suchen.

Ich kann anhand der Bibel beschreiben, warum Gott Kinder ernst zu nehmen scheint und warum es nicht nur uns, sondern auch Kindern bereits möglich ist, mit Gott verbunden zu sein.

Ich kann von der geistlichen Autorität berichten, die ich aufgrund dieser neuen Perspektive auf Kinder immer wieder in ihnen erlebe.

Ich kann erzählen, wie wir in unserer Familie Gottes Reden hören.

Ich kann uns an biblische Begebenheiten erinnern, die uns inspirieren, unsere Kinder in ihrer geistlichen Autorität zu begleiten.

Ich kann davon berichten, was uns in unserem elterlichen Umgang mit Kindern wichtig ist und wie Gott uns dafür ein Vorbild ist.

Ich kann aufzeigen, dass durch die ganze Bibel hindurch dieses eine Gottes Idee zu sein schien: Menschen zu begegnen an einem wenig auffallenden Ort, nämlich in ihrem Zuhause.

1 Himmlische Antennen

»MAMA, ICH KANN JESUS SEHEN!«

Die Sonne wagt sich durch den leicht bewölkten Frühlingshimmel, der von dem erfrischenden Gesang der Vögel erfüllt wird. Mein Mann Martin ist wie jeden Morgen mit dem Fahrrad von unserem kleinen Häuschen in der Dortmunder Nordstadt aus zu seinem Gemeinschaftsbüro im südlichen Teil der Innenstadt gefahren. Unser Sohn und ich sitzen in unserer Wohnküche am großen Esstisch und genießen unsere Nudeln mit Soße. (Ich zumindest genieße meine Nudeln mit Soße. Er genießt nur seine Nudeln.)

»Mama, ich kann Jesus da sehen«, höre ich ihn auf einmal rufen. Er ist noch dabei, die letzten Nudeln auf seinem Teller mit viel Konzentration auf der Gabel aufzuspießen, während ich kurz vom Tisch aufstehe, um von der Küchenarbeitsplatte hinter mir etwas Sprudel zu holen. »Ich sehe, wie Jesus da steht. Aber seine Augen sehen gruselig aus«, sagt mein Sohn und zeigt in Richtung unserer offenen Wohnküche.

Dass Kinder die geistliche Welt leichter wahrnehmen können als Erwachsene, habe ich schon häufiger gehört. Ich weiß natürlich, dass Kinder gleichzeitig auch eine blühende Fantasie haben können, aber trotzdem möchte ich das soeben Gesagte ungern komplett ignorieren.

»Ich bin mir ganz sicher, dass Jesus keine gruseligen Augen hat«, versuche ich ihn zu beruhigen. Ich erkläre, dass Gott über sich gesagt hat, dass er Liebe ist und dass bei ihm nichts ist, was Angst macht. »Seine Augen sehen bestimmt ganz freundlich aus«, sage ich und ergänze, dass, wenn seine Augen ihm Angst machten, das, was er da sieht, etwas anderes sein müsse.

Mit großer Sicherheit in seiner Stimme gibt er zurück: »Das ist aber Jesus. Er hat gruselige Augen. So schwarz.«

Schon als unser erstes Kind geboren wurde, merkten wir, wie wichtig es uns ist, dass unsere Kinder Jesus als real erleben. Mein Mann und ich sind beide keine Personen, für die Rituale, Traditionen und auch die christlichen Gewohnheiten eine große Rolle spielen. Wir möchten unseren Kindern nicht einfach nur Wissen über den Glauben und über Gott vermitteln, sondern wir möchten, dass sie ihn selbst erleben. Deshalb ist es für uns von Anfang an normal, nicht nur abends vor dem Schlafengehen oder vor dem Essen ein Gebet zu sprechen, sondern immer wieder im Alltag Gott Fragen zu stellen und auf seine Antworten zu warten.

> Wir möchten unseren Kindern nicht nur Wissen über Gott vermitteln, sondern wir möchten, dass sie ihn selbst erleben.

Immer noch sitzt mein Sohn vor seinem Teller mit den letzten Nudeln, und auch ich sitze inzwischen wieder bei ihm am Tisch und habe unsere Gläser mit Sprudel aufgefüllt. Ich schlage ihm vor, Jesus einmal zu fragen, weshalb es so aussieht, als ob seine Augen gruselig sind.

»Jesus, warum sehen deine Augen gruselig aus?«, reagiert er sofort sachlich und unverblümt auf meinen Vorschlag. Kurz ist es ruhig. Sehr kurz. »Mama, ich weiß, was das Problem ist. Da steht was Gruseliges vor Jesus und sagt zu mir: ›Haha, du sollst denken, dass Jesus gruselig aussieht.‹«

An die Mischung aus Verwunderung und Schock, die ich in diesem Moment empfinde, werde ich mich in den kommenden Jahren noch gewöhnen müssen, denn ich werde in den nächsten Jahren noch häufiger Ähnliches erleben. »Na, dann müssen wir dem Gruseligen einfach sagen, dass es weggehen muss, damit du Jesus wieder normal sehen kannst«, gebe ich unter höchster Selbstbeherrschung zurück.

»Ha, du musst gehen, weil ich stärker bin als du«, antwortet mein Sohn, ohne zu zögern, und wartet gespannt, was jetzt passiert. »Nee, das ist immer noch da und hat zu mir gesagt: ›Ich geh hier niemals weg.‹«

Die Jünger Jesu kannten auch so einen Fall. Ich erinnere mich an eine Situation aus der Bibel, in der die Jünger nach Jesu Vorbild selbst versuchen, Dämonen aus Menschen zu vertreiben. Sie tun, was sie bei Jesus gesehen und gelernt haben, doch es will nicht funktionieren. Als sie wieder bei Jesus sind, fragen sie ihn, was sie hätten tun können, um den Dämon erfolgreich zu vertreiben. Jesus hat eine Lösung für sie. Für meine Situation mit meinem Sohn hier am Küchentisch hilft mir weniger Jesu konkreter Lösungsvorschlag für seine Jünger, sondern vor allem die Idee, Jesus nach einer Lösung zu fragen.

Also tun wir genau das. Wir fragen Jesus, was wir tun können, um das Gruselige endgültig loszuwerden. Nach einem kurzen Moment der Ruhe kommt mir ein Gedanke. »Das Gruselige erzählt Quatsch«, erkläre ich meinem Sohn. »Es will, dass du die Lüge glaubst, dass Jesus gruselig aussieht. Es kann nur lügen. Weißt du, wann Lügen gehen müssen? Wenn die Wahrheit kommt.« Genau so wie Gott die Welt mit Worten erschuf, möchte ich auch mit Worten Wahrheit aussprechen und Einfluss auf die geistliche Welt nehmen. »Das Gruselige kann nur da sein, solange wir ihm die Lüge glauben.«

Also spricht mein Sohn mir nach: »Ich glaube dir nicht, dass Jesus gruselig aussieht.« Noch bevor ich einen weiteren Satz sagen kann, ruft er mir laut zu: »Mama! Jetzt ist das Gruselige gegangen. Und die Augen von Jesus sehen gar nicht mehr gruselig aus. Jetzt sind die weiß und braun.«

Dieses Erlebnis zeigte mir, dass Kinder ganz offensichtlich eine große Sensibilität für die geistliche Welt haben.

GOTT KENNEN UND ERLEBEN

Kinder können Gott erleben. Diese Erkenntnis rief in meinem Herzen mit den Jahren immer lauter. Bevor ich anhand vieler biblischen Bezüge und Erlebnisse innerhalb unserer Familie allerdings auf diese Erkenntnis eingehen kann, ist es wichtig, darüber zu sprechen, warum das Erleben Gottes überhaupt so wichtig ist. Warum genügt es nicht, die wichtigsten Bibelstellen auswendig zu kennen und regelmäßig in den Gottesdienst zu gehen? Warum sollen diese nicht immer mit dem Verstand begreifbaren Erlebnisse und Erkenntnisse mit Gott in unserem Leben als Christen so eine große Rolle spielen? Um diese Frage zu beantworten, möchte ich zunächst etwas von mir erzählen.

Ich selbst habe meine ganze Kindheit lang viel über Gott gehört und gelernt. Bis heute bin ich dankbar für das viele Wissen, das ich aus meiner Kindheit über Gott und die Bibel mitnehmen durfte. Je mehr ich dann als Jugendliche und junge Erwachsene interessiert die Bibel las, desto mehr wollte ich nicht nur die Geschichten auswendig kennen, sondern in den Geschichten das Wesen und das Herz Gottes erkennen. Ich wollte verstehen, was das, was ich hier las, mit mir heute zu tun hatte. Die Bibel erzählt Generation für Generation die Geschichte von dem, was Menschen mit Gott in ihrem Alltag erlebt haben, und ich wurde das Gefühl nicht los, dass Gott nicht vorhatte, damit aufzuhören, Menschen in ihrem Alltag zu begegnen.

Wenn ich darüber nachdachte, dass Gott real ist und dass wir ihn erleben können, dann ging es mir damit nicht einfach nur um emotionale Erlebnisse oder spirituelle Erfahrungen. Es ging mir um Jesus, der von so vielen Dingen gesprochen hatte, die bisher nicht Teil meines Alltags waren. Dass er Kranke heilte, Tote auferweckte und Menschen in die Freiheit führte. Und nicht nur das. Er tat diese Dinge nicht einfach nur, sondern sagte allen, die ihm nachfolgten, dass sie das auch selbst tun sollten. Er versprach, dass wir sogar größere Dinge tun würden. Dabei war mir nie wichtig, was nun »größer« oder »kleiner« ist, sondern einfach nur, dass Jesus damit sagte: »Es gibt noch mehr. Es gibt noch mehr, als ihr bisher gesehen habt. Selbst wenn ich nicht mehr als Mensch auf der Welt lebe.«

Er lebte nicht nur ein besonderes Leben mit Wundern und Heilungen, er redete darüber hinaus auch vom Leben im Überfluss und von der Taufe mit dem Heiligen Geist. Er sprach davon, dass er den Vater Dinge tun sah und Dinge sagen hörte, nach denen er sich richtete. Das alles wollte ich auch. Ich fragte mich, warum Christen oft so weit vom Leben im Überfluss entfernt waren und eigentlich mit denselben Sorgen im Hamsterrad gefangen waren wie Menschen, die Gott nicht kennen. Ich erwartete nicht, dass Christen keine Probleme mehr hatten, eher im Gegenteil. Aber wo war der Friede, der den Verstand übersteigt, und die Hoffnung, die unabhängig von Umständen ist? Ich fragte mich, warum wir komplizierte Theorien aufstellten, die uns erklären sollten, weshalb es all das, wovon Jesus gesprochen hatte, heute nicht mehr geben könne, wenn Jesus doch nur diese eine Mission hatte, vom Reich Gottes zu sprechen – also davon, dass das Himmlische schon begonnen hat, sich auf der Erde auszubreiten.

Mit der Zeit entstand in mir eine Gewissheit: Entweder die Sache mit Gott und Jesus, mit der Auferstehung und der Hoffnung, mit seinem Reden im Alltag und überhaupt mit allem Übernatürlichen – entweder all das stimmte, oder es stimmte alles nicht. Es war für mich keine Option, eine halbe Sache daraus zu machen. Es reichte mir nicht, sonntags in einen Gottesdienst zu gehen, meine »Pflichten« zu erfüllen, indem ich mal in der Bibel las, mal betete und mich in der Gemeinde engagierte.

Es machte für mich keinen Sinn, nicht zu erwarten, dass das, wovon in der Bibel die Rede ist, auch für mich Realität sein kann. Nicht von diesem Glauben zu erwarten, dass er jeden Tag meines Lebens beeinflussen könnte. Ich hätte absolut keine Gewissensbisse gehabt, das alles sein zu lassen, wenn ich zu dem Schluss gekommen wäre, dass es nur Einbildung war. Doch ich spürte bereits, dass ich dafür schon zu viel von Gott gesehen hatte.

Diese anfängliche Gewissheit, dass entweder alles stimmen musste oder alles nicht stimmen konnte, wurde dann für mich als junge Mutter von einem eindrücklichen Erlebnis verstärkt.

WENN GOTT EINS KANN, KANN ER ALLES

Es ist Februar, und zum ersten Mal in seinem Leben feiert mein Mann seinen Wintergeburtstag bei 30 Grad in der Sonne. Wir sind in Kalifornien. Die letzten Tage haben wir mit Sightseeing in San Francisco verbracht und haben uns den frischen Wind um die Nase wehen lassen. Mir war er ein bisschen zu frisch, der Wind. Während des Fluges scheine ich mir eine Erkältung eingefangen zu haben und quäle mich in diesen Tagen trotz Schüttelfrosts und leichten Schnupfens durch diese außergewöhnliche Stadt.

Nur zwei Übernachtungen haben wir hier geplant, bevor es dann weiter in den Norden Kaliforniens nach Redding geht, um eine befreundete Familie zu treffen, die dort für ein Jahr eine Jüngerschaftsschule besucht. In dieser Jüngerschaftsschule, die an eine Ortskirche angegliedert ist, wird das übernatürliche Wirken Gottes erwartet und erlebt. Da wir dort im Inland weniger Sightseeing geplant haben, wollen wir die wenigen Tage in San Francisco voll auskosten. Wir fahren mit dem Cable Car zum Union Square, machen eine Tour mit dem Bus zum City Sightseeing über die Golden Gate Bridge und schauen uns von Fisherman's Wharf aus die vielen ruhenden – und riechenden – Robben am Wasser an.

In den darauffolgenden Tagen wird meine Erkältung zwar nicht besser, aber auch nicht schlimmer, und so verfolgen wir weiterhin unser vorbereitetes Programm. Ein paar Tage nach unserer Ankunft im nordkalifornischen Redding bin ich mit meiner Freundin auf einer Konferenz der Band Jesus Culture in Sacramento und friere in der klimatisierten Halle den ganzen Tag mehr, als mir lieb ist. An diesem Abend beginnt mein ständiges Husten, das in den nächsten Tagen von Schmerzen im Brustkorb und Rippenbereich begleitet wird.

Die ersten zehn Tage unserer drei Wochen hier sind vergangen, und langsam geht es mir so schlecht, dass ich, ohne vorher einen Termin zu vereinbaren, zur Sprechstunde eines Hausarztes gehe. Der diagnostiziert aufgrund genügend passender Symptome und eines Röntgenbildes eine Lungenentzündung, eine Rippenfellentzündung und eine Brustbeinentzündung. In den nächsten Tagen verlasse ich unsere gemietete Unterkunft nur einmal spät am

Abend, um wegen akuter Atemnot von Martin in die Notaufnahme des nächsten Krankenhauses gefahren zu werden.

Zwei Wochen sind vergangen und wir haben hier in Redding noch kaum etwas unternommen, obwohl es das Hauptziel unseres Urlaubes sein sollte. An einem Abend sitzen Martin und ich in unserer Einzimmerwohnung, während unser Sohn bereits schläft. Obwohl unser Urlaub so anders verläuft, als wir ihn uns vorgestellt hatten, sind wir guter Dinge und fühlen uns die ganze Zeit über von Gott ganz nah begleitet. Während wir auf dem Bett sitzen und reden, wächst in uns der Glaube, für meine körperliche Genesung zu beten.

Wirklich häufig haben wir es noch nicht erlebt, dass körperliche Beschwerden direkt nach einem Gebet verschwinden, aber der Glaube, der diesen Moment erfüllt, ist fast schon zu schmecken und weckt gleichzeitig unsere Neugierde auf alles, was möglich sein könnte. Also beten wir. Doch es passiert nichts. Wir proklamieren Gesundheit. Es passiert nichts. Wir beten noch mal. Wir lesen die klassischen Bibelverse zum Thema wie »Durch seine Wunden wurden wir geheilt« (Jesaja 53,5) und wir nehmen gemeinsam das Abendmahl ein. Immer noch passiert nichts.

Da spüre ich sie plötzlich wieder, diese Gewissheit. Die Gewissheit, dass entweder alles, was ich glaube und wofür ich glaube, stimmt und dass es sich lohnt, Hoffnung und Glauben zu investieren im Vertrauen darauf, dass Gott kein Gebet unbeantwortet lässt. (Dass das nicht bedeutet, dass Gott jedes Gebet immer genau so beantwortet, wie wir es erbeten haben, weil er es manchmal lieber auf seine eigene, aus meiner bisherigen Erfahrung viel bessere Art macht, ist mir völlig bewusst.) Oder aber all das, was ich glaube und wahrnehme, ist das Ergebnis meiner Vorstellungskraft und ich kann den Glauben und alle damit verbundenen Gewohnheiten getrost an den Nagel hängen. Bei diesen Gedanken habe ich kein schlechtes Gewissen. Es fühlt sich logisch und emotional wertneutral an.

Während ich wegen meiner hinterfragenden Gedanken mit Gott spreche, kommt mir eine Geschichte aus der Bibel in den Sinn. Es ist die Geschichte, in der mehrere Freunde ihren gelähmten Freund über das Dach eines überfüllten Hauses zu Jesus bringen wollen, der gerade in diesem Haus zu den Leuten spricht. Als der Gelähmte endlich vor Jesus liegt, verspricht Jesus ihm, dass seine Sünden ihm vergeben sind. Die frommen jüdischen Pharisäer stören sich sehr an dieser Aussage. Nur Gott kann und darf Sünden vergeben, und dass Jesus sich mit dieser Aussage selbst mit Gott auf eine Ebene stellt, ist für sie Gotteslästerung. Jesus antwortet ihnen mit einem Prinzip, das in diesem Moment auch in meine Situation passt. »Ist es leichter, zu dem Gelähmten zu sagen: ›Deine Sünden sind dir vergeben‹ oder: ›Steh auf, nimm deine Matte und geh‹?« (Markus 2,9).

Heutzutage haben wir als Christen keine Probleme mehr zu glauben, dass Jesus Menschen ihre Sünden vergeben kann. Das ist die Basis unseres Glaubens. Womit wir heute allerdings mehr Schwierigkeiten haben, ist, dass ein Mensch durch Gottes Kraft körperliche Heilung erleben kann. Für die Menschen damals war das anders. Die damalige Kultur war mystischer und spiritueller, als wir es heute mit unserem vom Intellekt bestimmten Glauben sind. Jesus selbst bringt diese beiden Konzepte, das Heilen des Körpers und das Erlösen der Seele, zum Vergleich auf eine Ebene. Er sagt: Wenn Gott das eine kann, dann kann er auch das andere.

Für mich gilt dasselbe wie für die Pharisäer, nur andersherum. Wenn ich glaube, dass Gott uns unsere Sünden vergeben kann, dann gehört genauso dazu zu glauben, dass er an unserem Körper und unserer Seele übernatürliche Wunder vollbringen kann. Das eine ist nicht von dem anderen zu trennen. Wieder bestätigt sich in diesem Moment meine Gewissheit, dass ich schon zu viel von Gott gesehen habe, um meinen ganzen Glauben aufzugeben, nur weil in diesem Augenblick keine direkte Reaktion auf mein Gebet kommt.

Für mich geht es bei diesen Fragen nicht primär um übernatürliche körperliche Heilung. Es geht für mich darum, ob der Glaube an Gott ein rein intellektuelles Konzept ist, das wir mit unserem Verstand erfassen und bei dem wir Körper, Seele, unsere Gefühle ausklammern können.

Der Glaube ist mehr als nur das, was wir sehen und verstehen können. Gott ist übernatürlich und er ist erlebbar, er ist echt und er ist nah.

Der Glaube ist mehr als nur das, was wir sehen und intellektuell verstehen können, und ich wollte mehr davon erleben. Nicht um einer besonderen Erfahrung willen, sondern weil das Gott selbst ist. Er ist übernatürlich und er ist erlebbar, er ist echt und er ist nah.

NUR WAS SINN MACHT, BLEIBT

Als ich mit meiner Lungenentzündung in Kalifornien voller Glauben und doch ohne gesundheitlichen Fortschritt im Bett lag, wollte ich mich entscheiden. Ich wollte mich entscheiden, Jesu Botschaft entweder komplett zu glauben und ihr zu folgen oder sie komplett beiseitezulegen. Ich entschied mich für den Glauben. Ich konnte nicht anders. Gott war zu nah, um ihn leugnen zu können.

Die jüngeren Generationen mögen in einigen Lebensbereichen für ihre Gleichgültigkeit, Antriebslosigkeit und Unentschlossenheit bekannt sein. Doch in einem Bereich sind sie so radikal wie wenige vor ihnen. Wenn Dinge in ihrem Leben sie nicht erfüllen, wenn sie für ihr Leben keinen Unterschied machen, wenn sie keinen Sinn für ihren persönlichen Alltag machen und nicht halten, was sie versprechen, dann hören junge Menschen einfach damit auf. Und das sogar, ohne deswegen ein schlechtes Gewissen zu haben. Das wird häufig kritisiert. Teilweise zu Recht: Werte wie Langmut und Beharrlichkeit werden unter dieser Klarheit und Radikalität leider zu häufig vernachlässigt.

Es liegt aber auch ein wertvoller Schatz darin. Diese Generationen stehen nicht so wie viele vor ihr in der Gefahr von christlicher Gesetzlichkeit und Religiosität. Zu viele haben sich in der Vergangenheit an vermeintlichen Regeln und Gesetzen des christlichen Glaubens festgeklammert, als ginge es um ihr Leben, und haben dabei nicht nur andere verschreckt, sondern vor allem selbst verpasst, worum es Gott von Anfang an ging – nämlich um eine Herz-zu-Herz-Verbindung. Eine Beziehung. Für so eine Beziehung, die Gott von Anfang an für uns im Sinn hatte, braucht es nicht nur Wissen übereinander. Es braucht Begegnung.

Jeder von uns hat bei sich selbst oder in seinem Umfeld gesehen, was passieren kann, wenn der Glaube vor allem intellektuelles Wissen über Gott ist. Wenn wir dann die Stürme des Lebens erleben, die ihre Fragen und Zweifel mit sich bringen, oder den Wohlstand des Lebens erleben, der uns von unserer eigenen Kraft und Unabhängigkeit überzeugen will, dann reicht ein rein intellektuelles Konzept nicht mehr aus, um uns am Glauben zu halten.

Das, was mich am Glauben hält, wenn Gott zu weit weg und die Fragen zu schwer erscheinen, sind seltener auswendig gelernte Bibelverse, sondern häufiger die Erinnerung an die Momente, in denen Gott zu mir persönlich gesprochen hat. Unsere Kinder brauchen – genauso wie wir und vielleicht mehr als je zuvor – eigene Begegnungen mit Gott.

WENN JESUS MIT KINDERN SPRICHT

Als ich mit unserem ersten Kind schwanger war, befand ich mich in den letzten Zügen meines Studiums der Rehabilitationspädagogik an der Universität in Dortmund. Wir waren gerade in die Dortmunder Nordstadt umgezogen und wohnten nun in einem kleinen Einfamilienreihenhaus mitten in diesem spannenden Viertel, voll von verschiedensten Kulturen, Menschen und Gerüchen. Die Kirchengemeinde, zu der wir seit einiger Zeit gehörten, hatte ihre Räumlichkeiten nur ein paar Häuser weiter in derselben Straße.

Die meisten in dieser Gemeinde waren Studenten, die Lust auf Jesus im Alltag hatten und nicht besonders viel Wert auf traditionelle Formen des Gemeindelebens legten. Sonntags gab es Gottesdienste mit Kaffee und Keksen, mit unperfektem Lobpreis und ab und zu sogar mit einer Predigt. Nicht nur Martin und ich wohnten hier mitten in der Nordstadt, auch viele andere aus dieser Gemeinschaft lebten hier, und das nicht nur, weil die Mieten so günstig waren. Wir wollten nicht einmal in der Woche sonntags hierherkommen und Bedürftigen dienen. Wir wollten Nachbarn für die Menschen hier sein.

Ein paar unserer Freunde aus der Gemeinde bekamen ungefähr zum gleichen Zeitpunkt wie wir ihr erstes Kind, und wir alle teilten das Anliegen, dass Jesus für unsere Kinder real und erlebbar sein sollte. Das Gemeindeleben lief sehr familiär ab. Die Kinder waren bei den Gottesdiensten und anderen Treffen mit dabei, und auch im Alltag bekamen sie mit, wenn wir zusammen Lobpreis machten oder füreinander beteten.

Als unser erster Sohn Amos ungefähr ein Jahr alt war, besuchte ich mit ihm meine Freundin mit ihrem zweijährigen Sohn Jakob und ihrem wenige Monate alten Baby. Die Kinder spielten, das Kinderzimmer war wie immer schon nach kurzer Zeit verwüstet, und wir Mütter versuchten, mehr als zwei zusammenhängende Sätze miteinander zu sprechen, bevor das nächste Milchglas umkippte oder der nächste Hochstuhl erklommen wurde. Die beiden Jungs fanden ein Buch, das ihre Aufmerksamkeit für ein paar Minuten einfing, und das Baby lag zufrieden zwischen uns beiden Müttern, die wir auf dem Teppichboden des Kinderzimmers saßen.

Nun war er da, der Moment, in dem wir es vielleicht schaffen würden, einen Gedankengang zu Ende zu bringen. Meine Freundin ließ keine Sekunde verstreichen und erzählte mir, dass sie sich am Morgen gefragt hatte, ob ihr Sohn Jakob Jesus schon mal wahrgenommen habe. Sie hatte ihn daraufhin gefragt, und er sagte, ohne zu zögern: »Ja, der war gestern Abend hier.«

Wenn ein Kind beginnt, solche Dinge zu erzählen, wird die Fähigkeit zur Beherrschung des eigenen Gesichtsausdrucks zu einer wichtigen Gabe. Auch meine Freundin musste ihre Mimik vermutlich stark kontrollieren, als sie ihren Sohn fragte, ob Jesus ihm denn etwas Bestimmtes gesagt habe.

»Er hat gesagt, dass ich gut bin. Und dass ich ein guter großer Bruder bin.«

Es verging einige Zeit, und inzwischen war Amos selbst fast drei Jahre alt. So wie sein Freund Jakob hatte auch er früh sprechen gelernt und man konnte sich schon sehr gut mit ihm unterhalten. Ich war gerade mit ihm in seinem Zimmer, während wir seine Bücher sortierten und anschauten. Mein zweiter Sohn Levi war ein paar Wochen alt und schlief im Schlafzimmer nebenan. Aus irgendeinem Grund musste ich in diesem Moment zum ersten Mal seit Langem wieder an das Erlebnis bei meiner Freundin denken und erinnerte mich daran, dass mein Sohn jetzt ein ähnliches Alter hatte wie sein Freund Jakob damals. Also fragte ich Amos, ob er Jesus in letzter Zeit gesehen habe.

»Ja, der war mal abends hier und hat gesagt, dass ich gut bin.«

Ich schaute ihn mit weit aufgerissenen Augen an. Amos aber war, völlig unbeeindruckt von seiner eigenen Aussage, weiterhin in eines seiner Bücher vertieft und bemerkte meine Verwunderung nicht einmal. Ich fragte ihn, ob Jesus noch mehr gesagt hatte.

»Und dass ich ein guter Bruder bin«, ergänzte er.

Eine andere Freundin aus unserem Freundeskreis wohnte ganz in der Nähe, und ein paar Tage später war ich zum Kaffeetrinken bei ihr eingeladen. Auch sie hatte zwei Kinder, den großen Bruder Sammy und den kleinen Bruder Anton. Beide waren nur etwas älter beziehungsweise etwas jünger als Amos. Ich erzählte ihr die ganze Geschichte: dass ich vor zwei Jahren von Jakob gehört hatte, was Jesus ihm eines Abends gesagt hatte, dass diese Geschichte mich inspiriert hatte, Amos mal danach zu fragen, und dass er wortwörtlich dasselbe wiedergegeben hatte wie Jakob damals.

Meine Freundin, die gerade dabei war, uns frische Erdbeeren zu schneiden, legte das Messer aus der Hand und schaute mich an. Ich dachte, sie sei einfach begeistert von diesen zwei Erlebnissen, aber wie ich jetzt herausfinden sollte, hatte sie aus anderen Gründen denselben Ausdruck im Gesicht wie damals meine andere Freundin und ich. »Ich hab Sammy das auch mal gefragt und er hat genau dasselbe erzählt: dass Jesus ihm gesagt hat, dass er gut ist und er ein guter großer Bruder ist.«

HIMMLISCHE ANTENNEN

Kinder haben himmlische Antennen. Sie nehmen Dinge in der geistlichen Welt wahr, die nicht sichtbar sind. Das erlebe ich immer wieder. Meine Erfahrung ist, dass diese Dinge für Kinder sogar so normal und selbstverständlich sind, dass sie häufig nichts davon erzählen. So wie diese drei großen Brüder, die ohne das Nachfragen ihrer Mütter vielleicht nie erzählt hätten, dass Jesus zu ihnen gekommen war und sie in ihrer neuen Rolle als große Brüder ermutigt hatte.

Wenn wir uns für unsere Kinder wünschen, dass sie auch über unseren Einflussbereich hinaus am Glauben festhalten und Gott als Herrn, Vater und Freund kennen, dann brauchen sie eigene Begegnungen mit ihm. Früh genug werden wir Erwachsenen nicht mehr die erste Stimme sein, an der sie sich orientieren möchten. Manche motiviert diese Tatsache dazu, in den ersten Jahren eine möglichst wirkungsvolle und nachhallende Stimme im Leben ihrer Kinder zu sein, damit das Echo in ihren Ohren bleibt, auch wenn wir schon nicht mehr nah genug dran sind, um selbst zu ihren Herzen zu sprechen. Mich motiviert diese Tatsache mehr dazu, meine Kinder mit dem Heiligen Geist bekannt zu machen.

> Kinder haben himmlische Antennen. Sie nehmen Dinge in der geistlichen Welt wahr, die nicht sichtbar sind.

Gott ist es, der für immer Einfluss auf ihr Leben behalten kann. Bereits als Kinder können sie ihn kennenlernen, mit ihm sprechen und auch von ihm hören. Unsere Kinder können sein Herz kennenlernen, können schmecken, wie gut und vertrauenswürdig er ist und dass sein Wille der sicherste und beste Ort ist, an dem man sich aufhalten kann. Wenn sie zweifeln und hinterfragen und Schmerz oder Erfolg erleben, werden diese Begegnungen und dieses Kennen seines Herzens das sein, was sie an Gottes Herzen hält, wenn sie es möchten.

»JESUS HAT MICH GEHEILT«

Immer noch liege ich mit meiner Lungen-, Rippenfell- und Brustbeinentzündung und meiner allergischen Reaktion auf die frei verkäuflichen Schmerzmittel der amerikanischen Drogerie im Bett unserer Ferienwohnung in Kalifornien. Dadurch hat sich in mir die innere Überzeugung verfestigt, dass ich an Gott nicht nur dann festhalten werde, wenn er jedes Gebet direkt und eindeutig sichtbar so beantwortet, wie ich es erbeten habe. Ich stehe auf, um mich fertig zu machen und endlich mal wieder unsere kleine gemietete Ferienwohnung mit Martin und Amos zusammen zu verlassen, als mir wie ein Blitz ein Gedanke in den Sinn schießt und mich in den nächsten Minuten nicht verlassen will. »Poste bei Facebook: ›Jesus hat mich geheilt.‹« Noch ist diese Aussage nicht wahr, aber ich werde das Gefühl nicht los, dass diese Proklamation etwas in mir freisetzen wird, was bisher noch nicht sichtbar war. Ich habe den Eindruck, dass diese Aussage erst dann wahr werden wird, wenn ich sie im Glauben öffentlich ausspreche.

Auch in der Bibel gab es solche Begebenheiten, in der eine bestimmte Handlung des Glaubens anschließend zur ganzen körperlichen Heilung führen sollte. Der Heerführer Naaman aus Syrien wandte sich einmal mit der Bitte um ein Heilungsgebet an den israelischen Propheten Elisa. Als Naaman sich dem Haus von Elisa näherte, schickte Elisa einen Diener zu ihm, der ihm folgende Anweisung zur Heilung gab: »Geh an den Jordan und tauch siebenmal im Wasser unter! Dann wird dein Aussatz verschwinden, und du wirst gesund sein« (2. Könige 5,10; HFA).

Naaman sollte wieder zum nächsten Ort, dem Jordan, weiterreisen, sollte nicht nur einmal, sondern sieben Mal in dem Fluss untertauchen und sich damit völlig blamieren. Naaman wird in der Bibel als ausgezeichneter Stratege bezeichnet. Er war intelligent, gewieft und beim König seines Landes hoch angesehen. Daher stellt für Naaman vermutlich nicht nur der Aufwand, der mit der Anweisung Elisas verbunden war, eine Herausforderung dar. Für Naaman war wahrscheinlich die Vorstellung unerträglich, dass er vor anderen Menschen naiv und dumm aussehen könnte. Und das würde er zweifellos, wenn er der Anweisung tatsächlich folgte.

Der Prophet Elisa war nicht einmal selbst aus dem Haus gekommen, um dem weither gereisten Naaman das Gefühl zu vermitteln, dass die Anweisung mit der Autorität und Expertise eines wahren Propheten einherging. Naaman stand nun vor der Frage, ob er einem dubiosen Vorschlag Glauben schenken sollte, von dem er nicht einmal beweisen konnte, dass er von einer glaubwürdigen Quelle stammte. Auch ich konnte mit meiner Lungenentzündung niemand anderem, nicht einmal mir selbst, beweisen, dass der Gedanke, den ich hatte, von Gott höchstpersönlich kam.

Naaman wurde wütend.

> Da ging Naaman ärgerlich fort. »Ich hatte angenommen, dass er persönlich zu mir kommt!«, sagte er. »Ich hatte erwartet, dass er die Hand über die aussätzige Haut ausstrecken, den Namen des Herrn, seines Gottes, anrufen und mich heilen würde! Sind der Abana und der Parpar in Damaskus denn nicht besser als alle Flüsse Israels? Warum kann ich mich nicht in ihnen waschen und geheilt werden?« Und er drehte sich um und ging zornig fort. Seine Begleiter aber redeten ihm gut zu. »Herr«, sprachen sie zu ihm, »wenn der Prophet etwas Großes von dir verlangt hätte, hättest du es dann nicht getan? Wie viel eher solltest du ihm gehorchen, wenn er dich nur auffordert: ›Bade dich, damit du wieder gesund wirst!‹« Also ging Naaman hinab an den Jordan und tauchte sich sieben Mal unter, wie der Mann Gottes es ihm befohlen hatte. Da wurde seine Haut so gesund wie die eines kleinen Kindes und er war geheilt.
>
> *2. Könige 5,11-14*

Wie oft habe auch ich schon den Fehler gemacht, eine ganz konkrete Vorstellung zu haben, in welcher Form Gott mein Gebet erhören sollte. Wenn das dann nicht geschah, war Enttäuschung vorprogrammiert.

Ich tat es: Ich schrieb einen Beitrag auf meinem Facebook-Profil, dass Jesus mich geheilt habe, und wartete gespannt ab, wie sich mein gesundheitlicher Zustand verändern würde. Doch es geschah wieder nichts. Zumindest nichts Sichtbares. Immer noch musste ich mich vorsichtig bewegen und durfte meine Lunge nicht allzu großen Schwankungen in den klimatischen Bedingungen um mich herum aussetzen. Jetzt war ich nicht mehr nur gesundheitlich angeschlagen, sondern sah obendrein in den Augen aller meiner Freunde und Verwandten entweder aus wie eine Verrückte, weil ich an so etwas wie übernatürliche Heilung glaubte, oder wie eine Lügnerin, weil die Aussage ja offensichtlich nicht einmal der Wahrheit entsprach.

Vor meinem geistigen Auge nahm ich aber ein großes Freudenfest wahr. Es war, als ob die Engel des Himmels sich freuten, dass ich nun endlich befreit war. Noch wusste ich allerdings nicht, welche Befreiung ich tatsächlich in diesem Moment erlebt hatte, denn körperliche Heilung war es offenbar nicht.

Erst ein oder zwei Jahre später stellte ich fest, dass Jesus mich mit diesem Eintrag bei Facebook tatsächlich geheilt hatte. Er hatte mich nicht von meiner Lungenentzündung geheilt, die mich nur ein paar Wochen an mein Bett gebunden hatte, sondern von einer seelischen Krankheit, die mich noch viel mehr in Fesseln gelegt hatte. Er hatte mich von Menschenfurcht geheilt. So wie Naaman vor niemandem wie ein Dummkopf dastehen wollte, so wollte auch ich mich nicht öffentlich blamieren. Ich wollte nicht, dass andere schlecht von mir dachten oder mich für albern hielten. Gott schien zu wissen, dass solche Krankheiten am effektivsten geheilt werden, wenn man sich ihnen frontal und konfrontierend gegenüberstellt.

Gottes Wirken in unserem Leben ist nicht immer für unsere Logik begreifbar, aber führt uns immer in eine neue Freiheit. Dass ich von Menschenfurcht frei wurde, war der Schlüssel dafür, dass ich in der Lage war, die Geschichten meiner Kinder nicht nur ernst zu nehmen, sondern dann auch bereit wurde, sie zu teilen. Der Kern dieser Geschichte, sowohl meiner als auch der von Naaman, ist für mich der Glaube. Nicht der Glaube daran, dass es Gott gibt, sondern der Glaube daran, dass Gott hält, was er verspricht.

Kinder können uns ein Vorbild sein. Sie glauben, dass Gott real ist, dass seine Worte wahr und ihre eigenen Gedanken von ihm zu gebrauchen sind.

Gottes Gegenwart ist bei denen, die »demütigen Geistes« sind (Jesaja 57,15; LUT). Demut und Glaube offenbaren uns das Reich Gottes. Vielleicht ist das der Grund, weshalb Jesus immer wieder davon sprach, dass das Reich Gottes auch und uneingeschränkt für Kinder ist. Das ist es, worin Kinder uns ein Vorbild sein können. Sie haben den Glauben, dass Gott real ist, dass seine Worte wahr und ihre eigenen Gedanken von ihm zu gebrauchen sind. Der Glaube in Verbindung mit einer Demut, sich ihm ganz hinzugeben, öffnet uns Türen in neue Dimensionen.

Tiefer gehen

1. Johannes 4,16.18: Gott ist Liebe

Markus 9,28: Der Versuch der Dämonenaustreibung der Jünger

Johannes 14,12: Jesus verspricht, dass seine Jünger große Dinge tun werden

Jesaja 53,5: »Durch seine Wunden wurden wir geheilt«

Markus 2,1-12: Der Gelähmte und seine vier Freunde

2. Könige 5: Naaman glaubt dem Propheten

Jesaja 57,15: Gott ist bei denen, die demütigen Geistes sind

2

Himmlisch schlau

ES BEGANN IN DER KINDHEIT

Nachdenklich sitze ich an einem Abend in meinem Doppelzimmer des Studentenwohnheims der Bibelschule, die ich seit einigen Monaten für ein Theologiestudium nach meinem Abitur besuche. Meine Zimmernachbarin ist heute Abend mit Freunden unterwegs und ich komme gerade von einer Kleingruppe von Studenten zurück, die sich jede Woche am Ende unseres Flures in der kleinen Wohnküche treffen. In dieser Bibelschule, die einen brüdergemeindlichen Gründungshintergrund hat, gibt es etwa eine Handvoll Studenten, die Lust auf mehr sichtbares Wirken des Heiligen Geistes in ihrem Alltag haben, und es hat nicht lange gedauert, bis sie sich alle im Laufe der ersten Monate dieses Schuljahres gefunden haben.

Sie treffen sich nun schon seit ein paar Wochen jeden Montag, um über den Heiligen Geist zu sprechen, die Bibel zu lesen und dann Gott um das zu bitten, wovon sie sich mehr wünschen. Ich fühle mich hier nicht so ganz zugehörig und bin eher sporadisch dabei. Etwas zu extrem sind sie mir. Die Idee, auf die Bibelschule zu gehen, entstand in mir zwar auch wegen meines Interesses an biblischem Wissen, noch mehr aber aufgrund meines mittelmäßigen Abiturabschlusses, der mich für die Studiengänge, die mich interessierten, zu ein paar Wartesemestern zwang.

Doch heute ging es in der Kleingruppe derer, die noch mehr von Gott in ihrem Alltag erleben wollten, um die Gaben, die der Geist Gottes schenkt, so wie es beispielsweise am Anfang von 1. Korinther 12 beschrieben wird. Das prophetische Reden, die Gabe des unerschütterlichen Glaubens und einige andere werden an verschiedenen Stellen des Neuen Testaments genannt. Heute wurde allerdings hauptsächlich über eine Gabe gesprochen: über das Sprechen in unbekannten Sprachen, an anderen Stellen der Bibel auch Sprachengebet genannt. Auch wenn ich diese Bibelstellen hin und wieder mit Interesse gelesen hatte, hatten sie mich bisher nie komplett gefesselt.

Heute Abend will mir das Gesagte allerdings nicht so richtig aus dem Sinn gehen. Ich sitze an dem kleinen Schreibtisch meines Zimmers, vor mir ein Stapel Karteikarten mit griechischen Vokabeln, mein aufgeklappter Laptop, über den gerade meine Playlist läuft, und einer von vielen kleinen Notizzetteln mit einem humorvollen Gedicht meines Schwarms, den ich nur wenige Jahre später heiraten werde. So sitze ich hier und denke darüber nach, dass Paulus in der Bibel sagt, dass wir nach diesen Gaben streben und uns darum bemühen sollen (1. Korinther 14).

Von Bemühungen und Streben kann bei mir zwar gerade nicht die Rede sein, aber da ich so, mit meinem Kopf voller Gedanken, heute Abend nur schlecht einschlafen werde, formuliere ich ein Gebet, das meine Gefühle zu diesem Thema recht authentisch ausdrückt: »Gott, von mir aus muss es nicht unbedingt sein, aber wenn du willst, kannst du mir gerne die Gabe geben, in Sprachen zu beten.« Es dauert keinen Atemzug lang, bevor meine Erinnerung erwacht und mich mit mehreren Situationen aus meiner Kindheit bombardiert. Ich hatte sie vollkommen vergessen, doch jetzt, wo sie wieder auftauchen, erinnere ich mich daran, als ob es gestern gewesen wäre.

Die Erinnerungen stammen aus unterschiedlichen Jahren und ganz verschiedenen Situationen, aber sie alle haben eines gemeinsam. Mein Herz fühlte sich an, als würde es vor Freude platzen, mein ganzer Körper war davon erfüllt, mein Mund versuchte, diesem Gefühl Ausdruck zu verleihen, fand aber keine passenden Worte, die die Fülle des Gefühls adäquat beschreiben würden, und so mussten andere Worte her. Ich wusste nicht, was ich sagte, ich verstand die Worte selbst nicht, aber gleichzeitig machten sie in dem Moment für mein Empfinden viel mehr Sinn als jedes Wort, das mein Verstand kannte. Immer war ich allein, als das passierte, und hier an meinem Schreibtisch kann ich auf einmal wieder einen Hauch dieses Gefühls empfinden.

Ich weiß nicht, wie lange ich so dasaß und über diese Momente aus meiner Kindheit nachdachte, aber irgendwann stand ein Gedanke in meinem Kopf über all diesen Erinnerungen, der sich wie eine Antwort Gottes auf mein wenig zielstrebiges Gebet ein paar Minuten zuvor anfühlte: »Du kannst das schon lange. Du hast nur damit aufgehört.« In diesem Moment an meinem Schreibtisch, vor Griechischvokabeln, Chormusik und lustigen Post-it-Notizen, öffne ich seit Langem wieder meinen Mund und lasse die Worte, die meinen Verstand übersteigen, fließen. Es ist leise und unspektakulär und strömt doch kraftvoll wie Wasser durch einen Damm, dessen Schleuse geöffnet wurde.

»LASST DIE KINDER KOMMEN«

Eine spürbare eigene Verbindung zu Gott zu haben, ist Wunsch und Ziel vieler Christen. Dabei ist uns selten bewusst, dass diese

Verbindung bereits im Kindesalter beginnt. Viele der Blockaden, mit denen wir als Erwachsene in unserem Glaubensleben und in unserer Verbindung mit Gott leben, haben sogar ihren Ursprung in unserer Kindheit und Jugend. Wenn wir glauben, dass wir uns Gottes Aufmerksamkeit und Zuwendung durch gutes Verhalten erarbeiten müssen, wenn wir glauben, dass unser Bibellesen und Beten uns die Nähe zu Gott erkaufen, wenn wir seine Gunst durch Leistung für ihn erlangen wollen, dann können wir erkennen, dass kleinere Kinder noch eine Leichtigkeit und Reinheit in ihrer Verbindung zu Gott haben, von der wir lernen können.

»Lasst die Kinder zu mir kommen!«, sagt Jesus einmal zu seinen Jüngern, als einige Mütter und ihre Kinder sich Jesus nähern wollen. Die Jünger wollen nach einem anstrengenden Tag dafür sorgen, dass Jesus endlich seine Ruhe bekommt und sich nicht noch mit denen herumschlagen muss, die in ihren Augen nichts mit seinem Dienst zu tun haben und ihm und seinem Auftrag nichts bringen. »Verärgert«, »empört«, »ungehalten« sind die Ausdrücke, die in den verschiedenen Bibelübersetzungen verwendet werden, um die Stimmung von Jesus den Jüngern gegenüber in diesem Moment zu beschreiben (Markus 10,13; NLB, HFA, NGÜ).

> Kinder haben eine Leichtigkeit und Reinheit in ihrer Verbindung zu Gott, von der wir lernen können.

Vielleicht hatte Jesus nur Mitleid mit den Müttern und Kindern und wollte sie deshalb nicht wegschicken. Vielleicht wusste er, dass sie für diesen Moment weit gelaufen waren oder den ganzen Tag schon auf einen Moment gewartet hatten, in dem Jesus nicht mit wichtigen Leuten im Gespräch war. Oder vielleicht war er noch gar nicht so müde, wie die Jünger es vermuteten. Jesus erklärt daraufhin allerdings selbst, weshalb die Kinder jederzeit Zugang zu ihm finden sollen. Er macht deutlich, dass es ihm dabei nicht nur darum ging, höflich zu sein, sondern dass ein ganz wichtiges Prinzip des Reichs Gottes dahintersteckt.

> »Lasst die Kinder zu mir kommen. Hindert sie nicht daran! Denn das Reich Gottes gehört Menschen wie ihnen. Ich versichere euch: Wer nicht solchen Glauben hat wie sie, kommt nicht ins Reich Gottes.« Dann nahm er die Kinder in die Arme, legte ihnen die Hände auf den Kopf und segnete sie.
> *Markus 10,14-16*

So wie Jesus können auch wir die Beziehung von Kindern und Jugendlichen zu Gott ernst nehmen und ihnen eigene, unmittelbare Begegnungen mit ihm zutrauen. Er möchte schon früh zu ihrem Herzen sprechen.

MEHR ALS EINE SAMMLUNG VON GESCHICHTEN

Seit ich ungefähr 15 Jahre alt bin, beteilige ich mich in irgendeiner Weise an kirchlicher Arbeit für Kinder und Jugendliche und habe seitdem nie wirklich damit aufgehört, auch wenn sich der Rahmen dafür immer wieder geändert hat. Vor einiger Zeit bin ich in unserer Kirche in Bochum in die Arbeit mit Teens eingestiegen. Eine kleine Gruppe von Schülern, die sich schon seit einigen Monaten als Teens der Kirche treffen und Lust auf die Bibel haben, ist ein sehr entspannter Einstieg in diese für mich neue Gruppe.

Für den ersten Input des gerade startenden Semesters plante ich, das Alte Testament im Überblick anzuschauen. Mir selbst waren als Kind und junge Erwachsene sehr viele der biblischen Geschichten bekannt, aber ihren Zusammenhang hatte ich nie wirklich begriffen. Ich erinnere mich daran, wie begeisternd die Erkenntnis für mich war, dass die Geschichte von Mose, seiner aufregenden Geburt und später seinem Anführen des Volkes Israel aus Ägypten hinaus in die Wüste auf die Geschichte von Josef, seinem Vater Jakob und Josefs Brüdern folgt. Mit Josef waren die Israeliten in das Ägypten gekommen, aus dem sie dann irgendwann wieder durch Gottes Hilfe von Mose befreit werden mussten.

Die Bibel ist keine willkürlich zusammengestellte Sammlung an fiktiven Geschichten, sondern eine relativ chronologisch angeordnete Erzählung davon, wie Gott ein auserwähltes Volk von Generation zu Generation begleitet. Zu Beginn dieses Starts ins nächste halbe Jahr sammelte ich mit den Teens nun also zunächst alle Bibelgeschichten oder biblischen Personen, die uns einfielen. Eine Seite der Flipchart füllten wir mit allen uns bekannten Namen wie Daniel, Abraham, Mose und Debora. Als uns keine mehr einfielen, versuchten wir gemeinsam, all diese Leute in eine chronologische Reihenfolge zu bringen.

Die Teens wurden von ihrer eigenen Neugierde überrascht, als sie am liebsten bei jeder Person in der Bibel nachgeschlagen hätten, was genau dort noch mal geschah. Nach etwa 30 Minuten schauten wir auf die Linie von Geschichten und Zusammenhängen und waren alle ein bisschen stolz auf unser gemeinsames Werk. Manche hatten viel dazu beigetragen und manche hatten sich mit Müh und Not einen Klassiker der Bibelgeschichten aus ihrer Erinnerung des bereits ein paar Jahre zurückliegenden Kindergottesdienstes gezogen.

»Wisst ihr, was das hier ist?«, leitete ich über zu dem Teil des Inputs, der mir viel wichtiger war als diese Wissenssammlung. »Das ist nicht eine Liste von Geschichten, die man als Christ auf jeden Fall auswendig kennen muss. Das sind Geschichten davon, wie Gott Menschen in ihrem Alltag begegnet ist und was diese Menschen in ihrem Leben mit Gott erlebt haben. Darum ging es Gott mit der Bibel. Nicht darum, das alles nur auswendig zu wissen.« Ich drehte mich zu einem der Teens, der mit seiner Erinnerung ein wenig zu kämpfen gehabt hatte, und fügte hinzu: »Deshalb ist es auch überhaupt nicht schlimm, wenn dir nicht so viel eingefallen ist, als wir alles gesammelt haben.« Mit einem erleichterten Nicken lächelte er mich an.

»Gott will nicht, dass wir die Bibelgeschichten nur auswendig kennen. Gott will das Gleiche, was er mit den Menschen der Bibel gemacht hat, mit uns tun. Er will in unserem Alltag sein und mit uns unsere Geschichte leben.« Der schönste Teil des Inputs folgte jetzt, als ich jeden der Teens aufforderte, Gott zu fragen, welche dieser biblischen Personen er ihnen persönlich für ihr eigenes Leben ans Herz legte.

Gott will in unserem Alltag sein und mit uns unsere Geschichte leben.

Gott sprach zu jedem der Teens, obwohl manche von ihnen es bisher nicht gewohnt waren, Gott einfach etwas zu fragen und auf eine direkte Antwort von ihm zu warten. Gott sprach zu ihnen und legte eine eindeutige Berufung in ihre Herzen. Mein Team und ich spürten, wie prägend dieser Moment für die Jugendlichen gerade war. Sie schrieben ihre Erkenntnisse ohne unsere Aufforderung in ihre Notizbücher, zitierten die Bibelverse, die ihnen wichtig geworden waren, und waren sichtlich berührt. Wenn Gott persönlich spricht, erreicht es Verstand und Herz zugleich.

GEISTLICH INTELLIGENT

Bei uns, in unserer Kultur und in unserer Zeit, wird der Glaube an Gott oft als etwas rein intellektuell Begreifbares angesehen. Das hat zur Folge, dass eine Hierarchie zwischen Kindern und Erwachsenen entsteht, da Kinder den Erwachsenen intellektuell in der Regel unterlegen sind.

Mir ist in Gemeinden nicht nur einmal die Bitte von Erwachsenen begegnet, in den Gottesdiensten doch bitte weniger häufig eine Art Kinder- oder Familiengottesdienst zu veranstalten. Bei diesen »Kindergottesdiensten« gebe es nichts, was sie für sich mitnehmen könnten.

Es geht mir hier nicht um unterschiedliche Formen des Gottesdienstes oder um unsere Geschmäcker und Gewohnheiten. Was für mich in solchen Diskussionen immer Priorität hat, ist, Gottes Herzenseinstellung zu diesem Thema zu verstehen. Die Bibel ist dafür eine hervorragende Quelle und bietet uns immer wieder Einblick in Gottes Perspektive auf Kinder.

Tiefe Weisheit in spannenden Geschichten versteckt

Jesus hatte die Gewohnheit, seine Lehren in erfundene Geschichten zu verpacken. Seine Inhalte müssen für Kinder gut zu verstehen gewesen sein. Deshalb waren oft auch Kinder anwesend, wenn er predigte. Das erklärt, warum er in mehreren Situationen, während er mit seinen Jüngern sprach, spontan ein Kind in ihre Mitte nehmen konnte, um den Jüngern etwas zu erklären. Wo Jesus war, waren Kinder nicht weit entfernt.

Die Jünger weisen ihn einmal darauf hin, dass dieses Sprechen in Gleichnissen selbst sie als seine ihm nahestehenden Nachfolger verwirrt. Jesus erklärt ihnen daraufhin, dass er seine Botschaft ganz bewusst in Geschichten versteckt. Er möchte, dass ein demütiges und suchendes Herz der Schlüssel zu seiner Botschaft ist. Bildung und Intellekt sind Geschenke Gottes, die unbedingt gebraucht werden dürfen. Sie sind aber absolut keine Voraussetzung dafür, Jesu Herz erkennen zu können.

Ein neues Denken

Wenn in Römer 12,2 von der Erneuerung unseres Denkens die Rede ist, können wir sicher sein, dass unser Denken und unser Verstand von Gott in seiner ganzen Fülle anerkannt und ernst genommen werden. Genauso dürfen auch wir unser eigenes Denken und unseren Intellekt als Geschenk Gottes ansehen und in all unseren Lebenswegen und Lebensthemen davon Gebrauch machen. In Markus 12,30 erinnert Jesus seine Zuhörer an das höchste Gebot: »Und du sollst den Herrn, deinen Gott, von ganzem Herzen, von ganzer Seele, mit all deinen Gedanken und all deiner Kraft lieben.«

Unser Verstand ist Gott so wichtig, dass er im höchsten Gebot aufgezählt wird als ein Weg, durch den wir Gott unsere Liebe und Hingabe ausdrücken können. Doch so wertvoll unser menschlicher Verstand in Gottes Augen auch ist, so eindeutig sortiert Gott seine Relevanz ein. Jesus zeigte einmal sehr deutlich auf, welche Priorität Gott dem Intellekt gibt, wenn es um das Verstehen seiner Botschaft geht.

> O Vater, Herr des Himmels und der Erde, ich danke dir, dass du die Wahrheit vor denen verbirgst, die sich selbst für so klug und weise halten. Ich danke dir, dass du sie stattdessen denen enthüllst, die ein kindliches Gemüt haben.
> *Matthäus 11,25*

In anderen Bibelübersetzungen werden anstatt »kindliches Gemüt« die Begriffe »Unwissende« (LUT) oder »Unmündige« (HFA) verwendet. All diese Ausdrucksweisen eint der Gedanke, dass der Intellekt, die Bildung und das Alter uns keinen Vorteil verschaffen, um Gottes Wesen und Herz zu verstehen. Weder ein junges Alter noch eine geistige Behinderung hindert jemanden daran, Gott erkennen zu können.

Nachdem Jesus dieses Gebet gesprochen hat, folgt eine Botschaft an die Jünger. Jesus erklärt ihnen, auf welchem Weg uns Menschen sein Denken und sein himmlisches Reich offenbart werden. Die Offenbarung über Gott erfolgt nicht durch unsere Bildung oder durch sonstige Leistung, die wir aus uns hervorbringen könnten. Die Offenbarung über Gott und sein Denken erfolgt nicht durch Wissen, sondern durch Kennen.

> »Ich danke dir, dass du [die Wahrheit] ... denen enthüllst, die ein kindliches Gemüt haben. Ja, Vater, so wolltest du es! Mein Vater hat mir Vollmacht über alles gegeben. Niemand außer dem Vater kennt den Sohn wirklich, und niemand kennt den Vater außer dem Sohn und jenen, denen der Sohn den Vater offenbaren will.« Dann sagte Jesus: »Kommt alle her zu mir, die ihr müde seid und schwere Lasten tragt, ich will euch Ruhe schenken. Nehmt mein Joch auf euch. Ich will euch lehren, denn ich bin demütig und freundlich, und eure Seele wird bei mir zur Ruhe kommen. Denn mein Joch passt euch genau, und die Last, die ich euch auflege, ist leicht.«
> *Matthäus 11,25-30*

Die Botschaft von Vers 29 wird in einer anderen Bibelübersetzung noch deutlicher auf den Punkt gebracht: »Nehmt auf euch mein Joch und lernt von mir; denn ich bin sanftmütig und von Herzen demütig« (Matthäus 11,29; LUT).

Es ist erstaunlich, dass das Gebet Jesu zu Beginn dieses Abschnittes mit dieser seelsorgerlichen Aussage zum Schluss zusammenhängt. Die Klugen und Gebildeten haben laut Jesus keinen Vorteil gegenüber den Unwissenden. Gott zu kennen ist es, was uns sein Herz offenbart, nicht das Wissen über ihn. Wir können aufhören, uns abzumühen und uns selbst eine Last der Leistung aufzuerlegen. Stattdessen können wir uns unter Jesu Joch stellen. Dieses Joch ist das eines sanftmütigen und demütigen Herzens. Demut nämlich, also die Erkenntnis, dass wir Gott brauchen und wir selbst nicht das Maß aller Weisheit und Klugheit sind, ist die Grundlage, auf der Gott sich uns offenbaren möchte. Diese Grundlage ist nicht von Alter, Reife oder Wissen abhängig. Laut Jesus ist sogar das Gegenteil der Fall.

Demut ist die Grundlage, auf der Gott sich uns offenbaren möchte. Diese Grundlage ist nicht von Alter, Reife oder Wissen abhängig.

Die Kinder erkennen den König

Jesus ist im Tempel in Jerusalem und begegnet und heilt Menschen, als Kinder dort plötzlich anfangen, ein Lied zu singen. »Lobt Gott für den Sohn Davids!«, singen sie und tanzen dazu. Sie scheinen zu spüren, dass etwas Heiliges in der Luft liegt. Das ist nicht das erste Mal in der Bibel, dass Kinder die Gegenwart Gottes spüren und es sie zum Tanzen und Singen bewegt. Sogar ein ungeborenes Kind im Mutterleib tut das einmal.

Die anwesenden Pharisäer im Tempel werden wegen des Verhaltens der Kinder wütend und fragen Jesus, ob er denn nicht höre, was die Kinder singen. Die Pharisäer, die sich mit den biblischen Schriften wie niemand sonst auskannten, scheint in diesem

Moment weniger das laute, aufsehenerregende Verhalten der Kinder zu stören als vielmehr die Aussage in ihrem Lied. Der »Sohn Davids« ist ihnen allen bekannt als eine alternative Bezeichnung für den schon lange versprochenen und von allen Juden ersehnten Messias, den von Gott gesalbten Erretter. Was sie wütend macht, ist, dass die Kinder diese von Herrlichkeit und übernatürlicher Hoffnung erfüllte Stimmung hier im Tempel mit dem Messias in Verbindung bringen. Da Jesu Gegenwart und sein Heilen von Menschen offensichtlich mit der besonderen Stimmung zu tun haben, wollen sie, dass er Klarheit schafft. Er soll bestätigen, dass die Kinder sich vertun und er, Jesus, nichts mit diesem Sohn Davids zu tun hat. Alles andere wäre Blasphemie.

Wie auch in anderen ähnlichen Momenten lässt sich Jesus nicht auf so eine Forderung ein und erinnert die Schriftgelehrten an eine Bibelstelle aus den Psalmen: »Habt ihr noch nie in der Schrift gelesen? Dort steht geschrieben: ›Kinder und Säuglinge hast du gelehrt, dich zu loben‹« (Matthäus 21,16). Dass die Antwort von Jesus die Wut der Pharisäer besänftigen konnte, wage ich zu bezweifeln. Die Pharisäer verstehen nicht, was gerade vor ihren Augen geschieht, obwohl sie alles biblische Wissen erfasst haben. Ihr Verstand kann ihnen nicht die Augen öffnen für das, was Gott gerade tut. Die Kinder hingegen haben es erkannt.

UNSICHTBARE REALITÄT

Ausnahmezustand

Es ist Sonntag. Mein Wecker klingelt zurzeit jeden Morgen um 7 Uhr. Auch am Samstag und am Sonntag. Momentan gibt es für mich kein Wochenende. Wir sind in einer Ausnahmesituation. Unser vor wenigen Tagen geborenes drittes Kind liegt im Krankenhaus. Die Geburt begann zehn Wochen vor dem errechneten Termin und konnte nicht aufgehalten werden. Ich habe mich nach dem Kaiserschnitt körperlich gut erholt und wurde nach ein paar Tagen wieder entlassen, doch ein Teil meines Herzens liegt noch auf der Neonatologie und ich fühle mich deshalb auch nur hier komplett.

Der Dreijährige hat aufgrund unseres kurzfristigen Umzugs eine Woche vor der Geburt in eine neue Stadt keinen Kindergartenplatz mehr bekommen und der Sechsjährige wurde gerade in die erste Klasse der neuen Schule unseres neuen Wohnorts eingeschult. Unser Haus ist noch voller Baustaub, überall stehen Möbel und Kisten kreuz und quer, und nur die Kinderzimmer sind halbwegs eingerichtet.

Das haben wir aus drei Umzügen in sechs Jahren gelernt: immer zuerst die Kinderzimmer einrichten. So gibt es schon mal einen Ort, an dem die Kinder nicht beim Ausräumen stören, an dem keine gelagerten Möbel und Kisten auf sie fallen können, und sie sind vielleicht sogar für ein paar Minuten gut alleine beschäftigt, während man ein bisschen Ordnung schaffen kann.

Unsere Jungs brauchen uns zu Hause auch und deshalb folgen wir nicht der Logik, die mich rund um die Uhr zu meiner Tochter Phox ins Krankenhaus schicken würde, sondern dem Frieden in unserem Herzen, der uns beruhigt, dass es ihr auch gut gehen wird, wenn wir nur einen Teil des Tages bei ihr sind. Jeden Morgen stehe ich also früh auf, lade meine Playlist aufs Handy, packe meine Kopfhörer ein und mache mich auf den Weg ins zwölf Minuten entfernte Krankenhaus.

Jeden Morgen dasselbe: Nachdem ich beim besten Bäcker Bochums angehalten habe, um mir ein Delikatessbrötchen und ein Rosinenbrötchen zu kaufen, parke ich am Krankenhaus, nehme den Aufzug in die zweite Etage, passiere zwei Türen, um dann an einer dritten Tür mit Kamera zu klingeln und auf das Pflegepersonal zu warten, das mich in die Station hineinlässt. Dort wasche und desinfiziere ich mir die Hände und gehe dann ins Zimmer Nr. 1, in dem Phox und ein weiteres Frühgeborenes ihre Betten haben.

Inzwischen habe ich bereits gelernt, dass ich aus hygienischen Gründen lieber nichts auf dem Krankenhausboden abstellen sollte, auch nicht meinen Rucksack, aber vor allem nicht meine Tasse mit Tee. Ich habe gelernt, dass die Krankenschwestern entgegenkommend sind, solange sie sich in ihrer Kompetenz und Qualifikation ernst genommen fühlen, und dass sie froh sind, wenn ich alles selbst mache, was mir möglich ist. Um den schweren Klappstuhl aus dem Flur ins Zimmer zu tragen, brauche ich so kurz nach dem Kaiserschnitt allerdings noch ihre Hilfe. Sie platzieren den Stuhl mit seinem schweren, weichen Sitzkissen neben Phox' Wärmebett.

Doch bevor ich es mir dort für ein paar Stunden gemütlich mache, werde ich mir noch einen Tee kochen, mein Tischchen zurechtrücken und dort mein mitgebrachtes Essen hinstellen. Ich begrüße Phox schon mal, weil ich glaube, dass sie meine Stimme aus der Schwangerschaft als vertraut erkennt, und treffe dann die letzten Vorkehrungen. Denn wenn ich einmal sitze, dann bleibe ich hier, solange meine Blase es zulässt. In diesem Sitz verbringe ich nämlich nicht einfach nur meine Zeit, sondern begebe mich auf den gefühlt einzigen schönen Teil dieser ganzen Reise: Wir »känguruhen«.

Beim Känguruhen wird das Baby nackt auf den bloßen Oberkörper des Erwachsenen gelegt und dann zugedeckt. Die elterliche Körperwärme hält das Baby warm und es hört den beruhigenden Herzschlag, fast wie im Mutterleib, wo es jetzt eigentlich noch sein müsste. So viel Zeit zum Haut-an-Haut-Kuscheln nimmt man sich unter normalen Umständen selten im Wochenbett, weshalb wir das als eines der wenigen Geschenke dieser nicht selbst ausgesuchten Situation nehmen.

Das Lied »The House Of God Forever« von Jon Foreman ist mir seit Phox' Geburt als Versprechen Gottes im Kopf, und jeden Morgen lasse ich es über mein Handy abspielen und singe ich es ihr vor, sobald sie auf diesem schweren, weichen Klappstuhl mit all ihren Kabeln und Schläuchen unter all den Decken Haut auf Haut auf mir liegt. Das Lied ist der Psalm 23, und daran halte ich mich fest.

> Der Herr ist ihr Hirte, ihr wird nichts fehlen.
> Er weidet sie auf saftigen Wiesen und führt sie zu frischen Quellen.
> Er gibt ihr neue Kraft.
> Er leitet sie auf sicheren Wegen und macht seinem Namen damit alle Ehre.
> Auch wenn es durch dunkle Täler geht, fürchtet sie kein Unglück, denn du, Herr, bist bei ihr.
> Dein Hirtenstab gibt ihr Schutz und Trost. Du lädst sie ein und deckst ihr den Tisch vor den Augen ihrer Feinde.
> Du begrüßt sie wie ein Hausherr seinen Gast und füllst ihren Becher bis zum Rand.
> Deine Güte und Liebe begleiten sie Tag für Tag; in deinem Haus darf sie bleiben ihr Leben lang.
> *Nach Psalm 23; HFA*

In den nächsten Stunden höre ich Sprachnachrichten von Freunden ab, lese alles, was das Internet mir über die CPAP-Beatmung verrät, und mache immer auch ein ausgiebiges Nickerchen, das nur hier so entspannt und zufrieden stattfinden kann. Weil nur hier mein Herz ganz ist. Und weil nur hier halbwegs Ruhe herrscht. Das Piepen der Geräte und das Ein- und Ausgehen des Pflegepersonals und der Ärzte empfinde ich im Gegensatz zu dem Gewusel zu Hause mit immer mindestens zwei wilden Jungs und einer halben Baustelle wirklich als Ruheort. Nicht nur einmal verschlafe ich den vom drängenden Piepsen ausgelösten Einsatz mehrerer Ärzte und Krankenschwestern nur zwei Meter von mir entfernt am Bett der kleinen Zimmernachbarin meiner Tochter.

Mittags drängt mich allerdings sowohl meine Blase als auch der Schulschluss des Großen dazu, meinen nicht wirklich bequemen Stuhl zu verlassen, das Baby wieder in sein Wärmebett zu legen, alle Kabel und Schläuche so auszurichten, dass sie sie nicht stören, und mich auf den Weg nach Hause zu begeben. Am Abend, wenn wir zu viert zu Abend gegessen haben, wird Martin sich auf den Weg ins Krankenhaus machen und den ganzen Abend hier verbringen.

Er ist hier

Manche sind erstaunt, wie viel Zeit wir über den Tag verteilt im Krankenhaus verbringen, andere verstehen nicht, warum ich nicht dort bei unserer Tochter bleibe und im Krankenhaus übernachte. Der Grund, warum wir es überhaupt ertragen können, sie jeden Tag hierzulassen, ist nicht nur das freundliche und unterstützende Krankenhauspersonal. Eine Krankenschwester kommt jedes Mal, wenn sie im Dienst ist, in Phox' Zimmer vorbei, weil sie, wie sie mir kurz vor unserer Entlassung erzählt, den Frieden in ihrer Nähe wahrnimmt und genießt. Der Grund für unseren Frieden darüber, unsere Tochter hierzulassen, ist, dass wir glauben, dass Jesus bei ihr bleibt. Wir verlassen uns darauf, dass er sie mit den Engeln umstellt, die sie braucht, und dass er ihr höchstpersönlich Gesellschaft leistet.

Bei allem Jonglieren der vielen Bedürfnisse unserer jetzt fünfköpfigen Familie in dieser Ausnahmesituation und allem Frieden und Vertrauen, das wir haben, kämpfe ich trotzdem jeden Tag mit den Tränen, wenn ich mich bereit mache, um wieder nach Hause zu fahren. Doch an einem Tag passiert etwas Merkwürdiges. Ich habe es Phox nach unserem mehrstündigen gemeinsamen Entspannen wieder in ihrem Bettchen bequem gemacht, habe sie zugedeckt und bin dabei, mich von ihr zu verabschieden. Wie jeden Tag habe ich das Bedürfnis, ihr zu sagen, wo sie eigentlich hingehört: Ich sage ihr, dass die Krankenschwestern und Ärzte sich gut um sie kümmern, aber dass sie nicht zu ihnen gehört, sondern zu uns. Ich erinnere sie daran, dass Martin später wieder kommen wird, und möchte mich verabschieden, als ich plötzlich das Gefühl habe, dass Phox mir etwas sagt. Nicht ihr Mund spricht mit mir, denn der kann ganz offensichtlich noch nicht reden. Aber ich habe den Eindruck, als ob ihr Geist – oder was auch immer das ist – mir etwas sagt: »Mama, wenn du gehst, dann kommt *er*.«

»Das weiß ich doch«, denke ich mit tränengefüllten Augen. »Nur deshalb krieg ich das alles hier übers Herz.«

Doch dann folgt etwas, was ich mir nicht selbst hätte ausdenken können. »Wenn du gehst, dann kommt *er*. Und er riecht gut.«

Dass dieser Gedanke nicht aus mir kommt, erkenne ich daran, dass ich nie auf die Idee gekommen wäre, darüber nachzudenken. Ich kenne zwar den Bibelvers, der mit seinem Aufruf »Schmeckt und seht, dass der Herr gut ist« auch den Geschmackssinn in das Wahrnehmen Gottes einbezieht, aber trotzdem habe ich noch nie darüber nachgedacht, ob Jesus überhaupt nach irgendetwas riecht. Dieser Moment bleibt nicht einmalig, sondern es passiert in den Wochen hier im Krankenhaus mindestens drei Mal genau dasselbe.

Meine Tochter wird nicht einfach nur von Jesus hier begleitet. Ihr Intellekt weiß noch nichts über Gott oder die Bibel. Meine Tochter kennt Jesus nicht einfach nur – meine Tochter kann Jesus an seinem Geruch erkennen.

Phox sieht einen Engel

Drei Jahre sind vergangen. Es ist März, und ein weiterer verregneter Nachmittag neigt sich dem Ende. Martin wird in etwa einer Stunde von der Arbeit nach Hause kommen und ich lasse mich mit einem Tee auf das Sofa unseres Wohnzimmers sinken. Wie immer, wenn wir als Eltern es uns irgendwo gemütlich machen, sind die 150 Quadratmeter unseres Hauses plötzlich völlig überflüssig, weil alle Kinder sich in einem Radius von einem Meter um uns herum befinden. So machen es sich alle drei Kinder um mich herum und auf mir bequem.

Phox schaut mit ihren drei Jahren erstaunlich lange und interessiert aus dem Fenster der großen Terrassentür, bis sie sich zu mir umdreht und ruft: »Ich hab Papa draußen gesehen!«

Auch mein Blick war nach draußen gerichtet und so antworte ich recht sicher, dass das eigentlich nicht sein kann, weil der noch bei der Arbeit ist.

»Doch. Draußen war Papa. Der war ganz weiß angezogen.«

Noch höre ich nur halb konzentriert zu, während meine Söhne auf mir herumklettern. Doch mit ihrer nächsten Aussage und dem Puzzle, das Phox mir nun in ihren drei Sätzen zur Verfügung gestellt hat, beginne ich zu begreifen, dass sie vielleicht etwas Unsichtbares gesehen haben könnte.

»Der ist schon wieder weg. Aber nicht gegangen. Weggeflogen.«

Da wir Phox noch nicht besonders viel von Engeln erzählt und sie auch erst selten gefragt haben, ob sie so etwas wahrnimmt, bin ich erstaunt über das, was sie beschreibt. Als ich sie frage, ob »Papa« etwas in der Hand hatte oder wie sein Gesichtsausdruck war, antwortet sie mir leicht genervt, dass sie das nicht sehen konnte, weil er sich nur von hinten gezeigt und in den Garten geguckt habe.

Das ist das erste (aber nicht das letzte) Mal, dass Phox von sich aus etwas erzählt, das mir das Gefühl gibt, dass sie etwas gesehen haben könnte, was sie sich nicht nur einbildet.

Die magische Phase

Nicht immer, wenn meine Kinder solche Aussagen treffen, gehe ich automatisch davon aus, dass sie einen Blick in die unsichtbare Welt getan haben. Gerade im Kleinkindalter erleben Kinder die magische Phase, in der typischerweise die Grenze zwischen Realität und Fantasie verschwimmen kann. Die magische Phase ist eine von dem Entwicklungspsychologen Jean Piaget benannte und von der Entwicklungspsychologie anerkannte Entwicklungsstufe der Kindheit. Gott scheint bei der Erschaffung des Menschen die Idee gefallen zu haben, Kindern eine bestimmte Zeit lang dieses Geschenk zu machen, dass in ihrer Vorstellung alles möglich ist. Kinder erleben in dieser Zeit den Glauben in seiner naivsten Form.

Diese Phase der Entwicklung ist ein großer Schatz für den Menschen und darf von uns als solcher gesehen werden. Indem wir die magische Phase und die mit der Kindheit verbundene mentale Kreativität und Freiheit der Fantasie ernst nehmen, öffnen wir unsere Augen für eine Welt, die uns nicht mehr frei zugänglich ist. Gleichzeitig bedeutet dies nicht, dass jedes Wort eines Kindes in dieser Phase für wahr gehalten werden muss. Eine Besonderheit der magischen Phase ist es, dass es Kindern in dieser Zeit schwerfällt, die Realität von ihrer Vorstellungskraft zu unterscheiden.

> Als Erwachsene dürfen wir unser Herz dafür öffnen, was Gott durch unsere Kinder sagt.

Als Eltern muss es in dieser Zeit nicht das höchste Ziel sein, hier immer zwischen Realität und Erfindung in den Erzählungen unserer Kinder zu unterscheiden. Der Heilige Geist kann uns helfen zu erkennen, wann unsere Kinder von etwas berichten, das nicht nur aus ihrer Fantasie entstanden ist. Als Erwachsene dürfen wir unser Herz dafür öffnen, was Gott durch unsere Kinder sagt. Manchmal sind es kreative Erfindungen ihrer Gedanken und manchmal werden wir aufmerksam und spüren, dass hier etwas geschieht, das unseren Augen verborgen bleibt.

Kindliche Zweifel

Die magische Phase hält nicht für immer an, sondern mit der Zeit beginnt der Verstand immer mehr begreifen zu wollen, wie er die Berichte der Bibel und unsere Gedanken zum christlichen Glauben einsortieren soll. Auch dieser Prozess ist gesund und birgt viele Schätze. Reife bedeutet, unserer Entwicklungsstufe entsprechend zu handeln. Jeder Entwicklungsschritt hat seine Berechtigung und ist wichtig. Kinder, die im Kleinkindalter sehr leicht Gottes Reden und Wirken wahrnehmen konnten, können als größere Kinder genauso wie alle anderen Kinder eine Phase durchlaufen, in der sie ihren Glauben hinterfragen. Sie bemerken, dass manches von dem, was sie früher sagten, aus ihrer eigenen Vorstellungskraft kam.

Gott hat keine Angst vor Zweifeln. Wenn Zweifel und Fragen aufkommen, dann dürfen wir uns und unsere Kinder an die Momente erinnern, in denen Gott ganz persönlich zu ihnen gesprochen hat. Es gibt diese Momente, in denen man spürt, dass es nicht die eigene Imagination und auch nicht das eigene Wunschdenken war, das das eigene Herz so sehr berührt hat. Gerade in diesen Phasen werden wir merken, wie wichtig die Momente sind, in denen wir wahrhaftig Gott erlebt haben. Diese Erlebnisse sind es, die uns immer wieder daran erinnern, wie real und wie nah Gott ist – gerade in Zeiten des Zweifelns.

Ein junger Botschafter Gottes

Während wir als damals noch dreiköpfige Familie für ein paar Wochen in Redding, Kalifornien waren, besuchten wir an einem Nachmittag ein großes Treffen aller deutschsprachigen Studierenden der Jüngerschaftsschule, die an die Kirche vor Ort angeschlossen war. Unser zu der Zeit noch einjähriger Sohn Amos hatte in der Woche zuvor eine schwere Mittelohrentzündung gehabt, die mit einem Antibiotikum behandelt werden musste. Die Symptome waren bereits abgeklungen und wir glaubten, auch diese Krankheit nun überstanden zu haben. Doch an diesem Morgen hatte er wieder begonnen, sich regelmäßig ans Ohr zu greifen, so wie wir es während der akuten Erkrankungszeit von ihm kannten.

Ich machte mir schon Gedanken darüber, ob es nötig sein würde, erneut mit ihm zum Arzt zu gehen, als ein Jugendlicher auf uns zukam. »Kann es sein, dass der Kleine Ohrenschmerzen hat?«, fragte er mich unsicher.

Ich ging davon aus, dass er gesehen hatte, wie Amos' Hand immer wieder an sein eigenes Ohr fasste, und er mich darauf aufmerksam machen wollte, und so bestätigte ich seine Beobachtung: »Ja, ich hab das auch schon gesehen. Er scheint Ohrenschmerzen zu haben.«

»Wirklich??«, rief der Jugendliche erstaunt und sagte, dass er uns nicht deshalb ansprach, weil Amos sich oft ans Ohr gegriffen hatte, was ihm nicht einmal aufgefallen war. »Ich hatte das Gefühl, dass Gott mir sagt, ich solle für den Jungen beten, weil er Ohrenschmerzen hat.«

Nun war die Überraschung auf unserer Seite. Er sprach ein kurzes Gebet, in dem er Gott für seine Liebe für Amos dankte und Gott bat, seine Schmerzen und die mögliche Mittelohrentzündung zu heilen. Wir unterhielten uns noch ein paar Minuten lang und sahen uns daraufhin nie wieder. Kein einziges Mal mehr fasste Amos sich an diesem oder an einem darauffolgenden Tag ans Ohr.

Bis heute ist dieses Erlebnis für unsere ganze Familie nicht nur eine Erinnerung daran, dass Gott uns sieht, sich für unsere noch so kleinen Nöte interessiert und auf Gebete reagiert. In Zeiten von Zweifeln erinnert uns dieses Erlebnis wie kaum ein anderes daran, dass Gott real ist.

Der seltsame Bademeister

Die Wahrnehmung von Kindern und Erwachsenen kann sich unterscheiden, wenn wir erkennen, dass Kinder manche Dinge aus der unsichtbaren Welt sehen können. Das wurde mir als Erwachsene vor einigen Jahren deutlich, als ich mich aufgrund eines Blogartikels an eine Situation aus meiner Kindheit erinnerte.

»Ertrinken sieht nicht wie Ertrinken aus«, hieß der Artikel auf einem Blog, den ich gerade durchstöberte. Anders als wir es oft im Kopf haben, werden Ertrinkende nicht laut und strampeln wild, wenn sie es nicht schaffen, über Wasser zu bleiben. Ertrinkende werden müde und dadurch ruhig, war der Inhalt des Textes. In diesem Moment ging mir ein Licht auf. Schon lange hatte ich mich gefragt, warum ich als Kind einmal mitten im Schwimmbad todmüde wurde und die Augen kaum noch offen halten konnte. Jetzt verstand ich. Ich war nicht beinahe ertrunken, weil ich so müde war. Ich war müde geworden, weil ich beinahe ertrunken wäre.

Ich muss etwa sieben Jahre alt gewesen sein, als ich mit meiner Mutter und meinen Geschwistern diesen Schlechtwetter-Nachmittag im Schwimmbad verbrachte. Obwohl mir die meisten Sportarten immer leichtfielen, war das Wasser absolut nicht mein Element, und so lernte ich erst später in der dritten Klasse das Schwimmen ohne Schwimmhilfen. An diesem Nachmittag im Schwimmbad trug ich um den Bauch einen Schwimmgürtel mit Schaumstoffteilen, die mir dabei halfen, über Wasser zu bleiben. Ich war mitten im großen Schwimmbereich, der ohne Bahnen und Abgrenzungen vor allem für schwimmende Kinder interessant war. Doch genau hier geschah es, dass meine Müdigkeit mich bis zum Grund ziehen wollte.

Kurz zuvor hatte ich gesehen, wie mein Schwimmgürtel sich löste und hinter mir davonzuschwimmen begann. Ich hatte ihn noch kurz festhalten können, doch in der Hand half er mir nicht dabei, meinen Körper an der Oberfläche zu halten. Irgendwann ließ ich ihn wohl los. Und dann wurde es immer ruhiger um mich herum und der Sog der Müdigkeit war kaum mehr aufzuhalten. Geradeaus von mir, am Rand des Schwimmbeckens, sah ich meine Mutter auf einer Bank sitzen, zwar regelmäßig aufschauend, den Blick in diesem Augenblick allerdings auf ein Buch gerichtet. Da mein Mund mehr unter Wasser als darüber war, konnte ich ihr nicht zurufen, doch das musste ich auch nicht, da sie plötzlich aufschaute und mit einem Satz ins Wasser sprang.

Als ich nun, viele Jahre später, mit meinem Handy dasaß und den Artikel über das Ertrinken las, entstand in mir die Frage, warum meine Mutter genau im richtigen Augenblick aufgeschaut hatte. Da Gott für mich schon immer sehr real und nah war, hatte ich mir angewöhnt, solche Fragen direkt im Gebet an ihn zu richten. Das tat ich auch jetzt, und es war, als würde er den Scheinwerfer meiner Erinnerung weg von meiner Mutter, hin zu einem anderen Rand des Schwimmbeckens schwenken.

Dort war der Bademeister, ganz in Weiß gekleidet. Ich erinnerte mich noch glasklar an ihn und daran, wie er in diesen Sekunden wild gestikulierend am Beckenrand stand. Sein Blick ging immer wieder von meiner Mutter zu mir und wieder zurück zu ihr, während er mit der einen Hand auf mich zeigte und mit der anderen eine Bewegung machte, die sie dazu bringen sollte, sich zu beeilen.

Er war es, der sie rechtzeitig darauf aufmerksam gemacht hatte, aufzustehen und zu bemerken, dass ich mir nicht mehr selbst helfen konnte.

Eine Frage blieb allerdings, als ich nun hier saß, schon lange nicht mehr auf den Artikel über das Ertrinken fokussiert, sondern verloren in meinen Gedanken an die Situation aus meiner Kindheit. Warum hatte der Bademeister mich nicht selbst gerettet? Das war doch eigentlich genau sein Job, und offensichtlich hatte er mich in meiner Not auch früh genug gesehen, um selbst ins Wasser zu springen. Er stand sogar näher bei mir als meine Mutter, die noch etwa zehn Meter zu mir schwimmen musste.

Ein paar Tage nachdem ich den Artikel gelesen hatte, fragte ich meine Mutter, ob sie sich an diese Situation erinnerte. Das tat sie. Ein Detail fehlte allerdings in ihrer Erzählung: der Bademeister. In ihrer Erinnerung war niemand außer ihr in der Nähe des Schwimmbeckens gewesen. Er hatte sich gut versteckt, dieser Engel. In seiner weißen Kleidung war er mir nicht als übernatürliches Wesen aufgefallen – weder damals noch in meiner Erinnerung an die damalige Situation. Nun verstand ich, weshalb er nicht einfach nur ein richtig schlechter Bademeister war. Sein Job war es nicht, mich selbst zu retten. Sein Job war es, Menschen aufeinander aufmerksam zu machen, wenn sie Hilfe brauchten. Das hatte er gut gemacht. Und ich hatte ihn dabei gesehen.

»Jesus leuchtet gelb«

Es war nun schon ein paar Tage her, dass Phox vom Sofa aus gerufen hatte, dass Papa auf unserer Terrasse sei, und damit eventuell einen Engel gesehen hatte. Zum ersten Mal sprach ich sie nun auf Jesus an und fragte, ob sie Jesus schon einmal gesehen habe. Wir hatten uns bisher bewusst zurückgehalten, ihr Fragen dazu zu stellen, was sie wahrnimmt. Neben der Vorsicht vor der magischen Phase kleiner Kinder, die ihre Fantasie leicht mit solchen Wahrnehmungen der geistlichen Welt verwechseln können, wollten wir Phox nicht mit unseren konkreten Fragen zu sehr prägen, indem wir ihr eine Idee vorgeben, welche Art spannende Geschichten wir gerne von ihr hören würden.

Als ich sie nun fragte, konnte sie mir aber sehr schnell antworten. »Jesus ist weiß. Nein, er ist gelb. Sein Freund, der andere, ist weiß.«

Einige Wochen später fragte ich sie noch einmal, welche Farbe Jesus habe, und wie selbstverständlich bestätigte sie das, was sie auch hier sagte: Er leuchtet gelb. Wenn sie wirklich sehen konnte, wie Jesus aussieht, dann wollte ich gerne noch mehr von ihm hören. Also fragte ich sie, was Jesus für Kleidung anhabe.

»Er hat einen Haken in der Hand«, erklärte sie mir. Da ich nicht genau wusste, was ich mir unter einem Haken vorstellen soll, fragte ich nach, was für ein Haken das denn sei. »So ein Haken für Schafe«, antwortete sie.

Bisher hatten wir unserer Tochter die Funktionen des Hirtenstabs noch nicht erklärt und sie kannte als Haken nur den Fischhaken von Maui aus einem Disney-Film. Doch dann fügte sie eine Erklärung hinzu, die sie mit ihren drei Jahren noch nicht von uns zu hören bekommen hatte: »Der geht immer und sucht sein Schaf. Dann nimmt er das auf die Schultern und trägt es zurück zu den anderen Schafen.«

Für mich klang das wie aus einem Kinderbuch auswendig gelernt. Um sicherzugehen, dass Phox nicht nur eine Geschichte erzählte, die sie ohne unser Wissen bei jemand anderem in der Kinderbibel gesehen hatte, fragte ich sie, ob sie das schon mal in einem Buch gesehen habe.

»Nein.«

»Also, da ist Jesus, der ist gelb. Der andere ist weiß. Ist da noch jemand Drittes?«, fragte ich sie aus Interesse, ob sie mir gerade tatsächlich zwei Personen der Dreieinigkeit beschrieben hatte. Jesus, leuchtend gelb, und Gott, der Vater, strahlend weiß von Herrlichkeit, ergaben für mich irgendwie Sinn.

»Ja, eine Frau«, gab sie zurück und ließ mich erstaunt darüber nachdenken, dass das hebräische Substantiv für »Heiliger Geist« tatsächlich weiblich ist. Aus alldem werde ich kein theologisches Konzept konstruieren, aber mich erstaunt, dass sie solche Dinge sagte, obwohl sie davon nichts von uns wusste.

HIMMLISCH SCHLAU IST, WER IHN KENNT

»Ich bin der gute Hirte; ich kenne meine Schafe und sie kennen mich« (Johannes 10,14). Jesus fasst das Herzstück des Glaubens hiermit hervorragend zusammen: Gott kennt mich und ich darf ihn kennen. Dem Propheten Jeremia offenbart Gott einmal seine Idee eines neuen Bundes mit den Menschen. In diesem Bund geht es darum, sein Herz zu erkennen, und Gott selbst sagt, dass dies unabhängig vom Alter möglich ist: »›Denn alle werden mich kennen, alle, vom Kleinsten bis hin zum Größten‹, spricht der Herr« (Jeremia 31,34).

Die Basis der geistlichen Autorität, die Gott uns als alten und jungen Menschen gibt, liegt nicht in unserem Wissen über ihn oder unserer Bildung. Sie liegt in unserer Verbindung zu ihm. Diese Verbindung ist unabhängig von Reife oder Alter möglich. Gott kommuniziert auf den unterschiedlichsten Ebenen unseres Seins mit uns Menschen. Wir können seine Stimme wahrnehmen, wir können erkennen, dass er es ist, der spricht, und wir können darauf reagieren: »Meine Schafe hören auf meine Stimme; ich kenne sie, und sie folgen mir« (Johannes 10,27).

Tiefer gehen

1. Korinther 12; 14: Geistesgaben und das Streben danach

Markus 4: Warum Jesus in Gleichnissen redet

Römer 12,2: Erneuertes Denken

Matthäus 11,25: Jesus betet und bietet sein leichtes Joch an

Markus 10,14: Kinder kommen zu Jesus

Psalm 23: »Der Herr ist mein Hirte«

Psalm 34,9: Gottes Güte schmecken und sehen

Matthäus 21,15-17: Kinder singen im Tempel

Johannes 10,14.27: Jesus, der gute Hirte

Jeremia 31,34: Die Kleinen und die Großen können ihn kennenlernen

3

Himmlisch verbunden

ONLINE MIT GOTT

Hörendes Gebet

19 Jahre war ich alt, als ich gerade zu Besuch in München war und in einer Kirche vor Ort von dem Seminar »Online mit Gott« hörte, das am folgenden Wochenende stattfinden sollte. Ohne lange zu zögern, meldete ich mich dort an. Mein Bibelwissen war nach einer brüdergemeindlichen Prägung und den vergangenen Monaten auf der Bibelschule relativ gefestigt. Die praktische Umsetzung dessen, was ich in der Bibel las, hatte hingegen noch deutlich Luft nach oben.

Das Seminar begann mit einigen biblisch belegten Erklärungen, warum es für uns als Christen berechtigt ist, nach Gottes direktem Reden in unserem Leben zu streben. Daraufhin wurden die etwa 50 Teilnehmer aufgefordert, sich in Kleingruppen von etwa sechs Personen aufzuteilen. Man sollte allerdings nicht mit den Personen in eine Gruppe gehen, mit denen man gekommen war, denn die Gruppen sollten so durchmischt sein, dass man möglichst wenige Teilnehmer kannte. Dann wurden uns bestimmte Fragen vorgegeben, die wir Gott für jeweils eine der Personen aus der Gruppe stellen sollten.

Wir hatten vor dieser Gruppenphase von verschiedenen Wegen gehört, durch die Gott häufig spricht: Bibelverse, biblische Personen, Liedzeilen, Bilder oder einzelne Sätze oder Worte, die uns in den Sinn kommen. Die Teilnehmer, mich selbst eingeschlossen, erstaunte nicht nur, dass uns tatsächlich Gedanken für die Person, um die es gerade ging, in den Sinn kamen. Das Erstaunlichste war, dass die Gedanken der verschiedenen Gruppenteilnehmer häufig zueinanderpassten, ohne dass wir uns absprechen konnten und sogar ohne dass wir die Person, für die wir im Gebet auf Gott gehört hatten, kannten. In diesem Seminar erlebte ich zum ersten Mal, dass man Gott eine Frage stellte und erwartete, eine Antwort zu bekommen. Und die Antwort kam.

Prophezeien beim Teens-Camp

Zwei Wochen nach dem Seminar »Online mit Gott« in München war ich auf einem Camp für christliche Teenager, um dort einen Teil des Praktikums für meine theologische Ausbildung zu absolvieren. Da das Camp von meiner brüdergemeindlich geprägten Bibelschule aus organisiert worden war, erreichte es viele Teens aus Familien, die selbst auch in Brüdergemeinden gingen. So saß ich am ersten Abend des Camps beim Abendprogramm und schaute mir die vielen Gesichter der Teilnehmer an. Vom nächsten Vormittag an würden zehn von ihnen eine Woche lang täglich mit mir zur Kleingruppenzeit im Kreis sitzen und darauf warten, dass ich ihnen etwas von Gott und der Bibel erzählte.

Es war erst zwei Wochen her, dass ich selbst zum ersten Mal erlebt hatte, dass Gott auf Fragen antwortet und dass er tatsächlich Gedanken über uns hat, die er uns mitteilen möchte. Ich war alles andere als qualifiziert für das, was mir in diesem Moment in den Sinn kam. Doch ich konnte nicht zurück zu den intellektorientierten Inputs, mit denen ich problemlos zu vielen biblischen Themen die Woche hätte füllen können. Ich hatte den Eindruck, dass ich nun etwas Neues wagen musste.

Der nächste Morgen kam und nach dem gemeinsamen Frühstück saßen wir nun hier, die zehn zwölfjährigen Mädchen und ich. Nach einer ausführlichen Kennenlernrunde, in der jedes Mädchen etwas von sich erzählte und meine Vermutung bestätigt wurde, dass diese Mädels durch ihren gemeindlichen Hintergrund schon alle wichtigen Basics des Glaubens an Jesus von Geburt an verinnerlicht haben dürften, fing mein Mund an zu sprechen, was mein Kopf noch nicht ganz fertig geplant hatte: »Jesus sagt, dass seine Schafe seine Stimme hören. Deshalb wollen wir uns diese Woche in der Kleingruppenzeit die Zeit nehmen, für jede von euch zu beten und Gott zu fragen, was er euch sagen möchte. Habt ihr das schon mal gemacht?«, fragte ich in die Runde und sah nur verwirrtes Kopfschütteln.

Ich sammelte das wenige Selbstbewusstsein, das ich in mir fand, um so eine Runde anzuleiten, und fragte, welches der Mädchen zuerst in die Mitte kommen wollte. Die Mutigste – oder vielleicht die Neugierigste – von ihnen meldete sich und setzte sich auf unserer Picknickdecke in die Mitte. Alle anderen schlossen den Kreis um sie herum. Ich erklärte ihnen, dass ich jetzt beten und Gott bitten würde, uns mitzuteilen, was er diesem Mädchen sagen möchte. Wir anderen seien frei, die Augen zu schließen oder geöffnet zu lassen und zu schauen, ob uns daraufhin ein Gedanke, ein Bild, eine biblische Person oder ein Wort in den Sinn kam. Ich erklärte der Gruppe, dass wir Gott vertrauen dürfen, dass er in der Lage ist, durch unsere Gedanken zu sprechen.

Die einzige Regel dabei war – so, wie ich es im Seminar vor zwei Wochen selbst gelernt hatte –, dass die Eindrücke, die wir teilen würden, ermutigend und hoffnungsbringend waren. Dann ging es los. Ich betete kurz, wir warteten etwa zwei Minuten und dann eröffnete ich die Runde. »Hat jemand einen Gedanken gehabt?« Ich war erleichtert, dass mir selbst ein Gedanke gekommen war. So war ich sicher, dass wenigstens eine Person etwas sagen würde. Doch ich kam gar nicht dazu, meinen Eindruck zu teilen. Eine Teilnehmerin nach der anderen teilte ihre Gedanken, die das Mädchen in der Mitte bereits nach kurzer Zeit zum Weinen brachten. Keine von ihnen hatte das je erlebt.

Die Teens im Kreis waren voller Energie aufgrund dieses Erlebnisses, und das Mädchen in der Mitte konnte nicht glauben, dass der Gott der Bibel sie persönlich kannte und mochte. Tag für Tag setzten wir ein bis zwei weitere Mädchen einzeln in unsere Mitte, sodass am Ende jede einmal dort gesessen hatte. Die Woche war vorbei und ich war begeistert. Zehn Mädchen gingen nun nach Hause und waren für immer in ihrem Glaubensleben verändert. Und eines wusste ich ganz sicher: Das lag nicht an meiner Kompetenz. Gott selbst hatte gesprochen, weil er diesen Mädchen begegnen wollte. Von nun an betete ich so auf jeder Freizeit und mit jeder Kleingruppe, die ich anleitete. Wenn ich nur eine Stunde mit einer Gruppe von Kindern, Jugendlichen oder Erwachsenen Zeit hatte, dann wollte ich ihnen genau das hier mitgeben – dass Gott sie sieht und sie kennt.

Ein Jahr später war ich bei dem gleichen Camp für Teens und bot ein Seminar zum Thema »Hörendes Gebet« an. Inzwischen hatte ich diese Art zu beten öfter praktiziert und die Fragen, die wir Gott stellten, etwas ausgebaut. Einige andere Mitarbeiter der Freizeit hatten es mitbekommen und suchten mich kurz vor meinem Seminar auf, um mir ein paar kritische Fragen zu stellen: ob ich nicht glaubte, dass biblische Inputs ebenso wichtig für diese Teens seien; ob es eine gute Idee sei, dass die Teens sich in Kleingruppen ohne Betreuung eines Mitarbeiters gegenseitig die »Antworten

Gottes« mitteilten, und ob es nicht etwas einseitig sei, sich nur um das Erleben des Glaubens zu drehen.

Zu dem Seminar hatten sich so viele Teens angemeldet, dass ich sie in mehrere Gruppen aufteilen musste. Es begleiteten mich zwar zwei weitere Mitarbeiter, aber wir waren nicht genug, um bei jeder der kleinen Gruppen dabei zu sein. Meine Antwort war einfach: »Ihr habt recht. Es gibt Gefahren und es kann einseitig werden. Von diesen Gefahren sind diese Teens allerdings so weit entfernt, dass ich das Risiko gerne in Kauf nehme.«

DIE VERBINDUNG IST LEICHT

Mit Gott verbunden zu sein, ist leicht. Dieser Satz klingt in den Ohren Erwachsener oft provokativ, doch eigentlich entspricht er der biblischen Wahrheit, die wir als Christen glauben.

Als Jesus am Kreuz kurz davor ist zu sterben, schreit er laut auf, und in diesem Moment zerreißt der Vorhang im Tempel in Jerusalem, der das Allerheiligste vom Rest des Tempels trennt (Matthäus 27,50). Das Allerheiligste war der Bereich des Tempels, in den nur einmal im Jahr eine ausgewählte Person, nämlich der Hohepriester der Juden, hineingehen durfte. Dass der Vorhang in diesem Moment zerriss, verdeutlicht, dass der Weg zu Gott nun nicht mehr selten und unter Einhaltung von vielen Vorschriften, sondern jederzeit für jeden frei ist.

Die Verbindung zwischen Gott und Mensch ging von Anfang an von Gott aus (1. Johannes 4,10). Er tat den ersten Schritt auf uns zu, um eine Beziehung zu beginnen. Wer mit dem christlichen Glauben und der Bibel aufgewachsen ist, für den mag diese Aussage kraftlos wirken. Aber vielleicht kennst du den Gedanken, dass du dich Gott gerade schlecht mit deinen Bitten nähern kannst, weil du in den letzten Wochen vielleicht wenig Zeit in die Beziehung zu ihm investiert hast. Vielleicht hast du schon länger nicht mehr in der Bibel gelesen, vielleicht hast du nur gebetet, wenn du ein dringendes Anliegen hattest, und hast auch sonst nicht viel an ihn gedacht. Das ungute Gefühl, das dann entsteht, kennen viele Christen. Es begegnet uns in unserem Denken und in unseren Ratschlägen leider immer wieder.

Ein fragwürdiger Rat

Ich nahm einmal an einem Treffen für Personen, die im kirchlichen Kontext im prophetischen Dienst unterwegs sind, teil und die Leiter hatten gerade eine Zeit für Fragen und Antworten eröffnet. »Was sage ich Eltern, die aufgrund der Lebensphase mit kleinen Kindern das Gefühl haben, sich keine Zeit für ihre Beziehung zu Gott nehmen zu können?«, wollte ein Mann mittleren Alters, der sich in seiner Gemeinde als Seelsorger einsetzte, wissen. Die Antwort der Leiterin vermittelte das, was viele Eltern vermutlich jeden Tag von sich aus bereits als schlechtes Gewissen im Herzen haben. Sie selbst sei auch Mutter mehrerer Kinder und berufstätig und irgendwie könne es jeder schaffen, sich Zeit für Gott freizuräumen. In dieser Lebensphase würde das eben bedeuten, dass der Wecker schon um fünf Uhr morgens klingeln sollte.

> Meine ersten Jahre als Mutter haben mich auf eine Art mit Gott verbunden, die ich vorher nicht kannte. Gott war mir nah, unabhängig von meiner Leistung.

Glücklicherweise schienen kaum Eltern kleiner Kinder im Raum zu sein, denn aufgrund dieser Botschaft entgeht vielen durch die daraus entstehende Scham über das mangelnde eigene geistliche Engagement der große Schatz dieser Lebensphase. Meine ersten zehn Jahre als Mutter von inzwischen drei Kindern haben mich auf eine Art mit Gott verbunden, die ich vorher nicht kannte. Ich war zu müde, um lange Gebetszeiten zu halten, und zu beschäftigt, um mehr als ein Kapitel am Stück in der Bibel zu lesen. Doch Gott blieb da. Noch nie hatte ich bis dahin in solch einem Ausmaß gemerkt, dass Gott mir wahrhaftig nah war, unabhängig von meiner investierten Kraft und Leistung.

Natürlich schätze auch ich die bewussten Zeiten in Gottes Gegenwart, in denen ich Zeit habe für mehr als kleine Stoßgebete, in denen ich die Bibel lese oder bei Lobpreismusik über Gott nachdenke. Doch Kinder bringen Gottes Gegenwart direkt in unsere Mitte, mitten auf den Bauteppich und in die Küche beim Kochen des Mittagessens. Gottes Nähe hängt nicht von meinem Einsatz ab. Er bleibt, auch wenn ich vor Müdigkeit keinerlei Kraft mehr habe. Wahrscheinlich bleibt er gerade dann sogar besonders gerne.

Die Verbindung geht von Gott aus

Unsere Verbindung zu Gott begann nicht mit unserem Opfer. Unsere Verbindung zu Gott hat begonnen, weil er uns zuerst geliebt hat. Genau genommen hat seine Liebe sogar schon begonnen, bevor wir einen einzigen Schritt auf ihn zugegangen sind: »Gott dagegen beweist uns seine große Liebe dadurch, dass er Christus sandte, damit dieser für uns sterben sollte, als wir noch Sünder waren« (Römer 5,8). Gott wird jetzt, wo unser Herz sich nach einer Verbindung zu ihm sehnt, nicht plötzlich anfangen, Erwartungen an uns zu stellen, die wir zuerst erfüllen müssen, bevor wir uns ihm nähern können.

Die Bibel beschreibt an verschiedenen Stellen, dass der Heilige Geist die Kraft hat, Menschen die Augen für die Sünde in ihrem Leben zu öffnen. Der Heilige Geist ist in der Lage, Menschen zu begegnen, während ihr Leben voller Sünde ist (Johannes 16,8). Das Alter des Menschen ist dafür irrelevant.

Die Verbindung zu Gott ist leicht und sie beginnt, indem Gott sein Herz investiert. Er kannte uns von Anfang an: »Ich kannte dich schon, bevor ich dich im Leib deiner Mutter geformt habe« (Jeremia 1,5). Die Verbindung zu Gott beginnt noch vor der Geburt. Kein Kind ist zu klein, um mit Gott verbunden sein zu können.

Die Bibel geht sogar noch einen Schritt weiter. Nicht nur begann der Schritt zur Begegnung zwischen uns und Gott mit Gottes Liebe. Laut Römer 8,38 gibt es nichts, was diese Liebe Gottes unterbrechen kann.

> Ich bin überzeugt … Weder Tod noch Leben, weder Engel noch Mächte, weder unsere Ängste in der Gegenwart noch unsere Sorgen um die Zukunft, ja nicht einmal die Mächte der Hölle können uns von der Liebe Gottes trennen. Und wären wir hoch über dem Himmel oder befänden uns in den tiefsten Tiefen des Ozeans, nichts und niemand in der ganzen Schöpfung kann uns von der Liebe Gottes trennen, die in Christus Jesus, unserem Herrn, erschienen ist.
> *Römer 8,38-39*

Weder unsere fehlende Stille Zeit noch unser Alter kann uns von der Liebe Gottes trennen, die darauf wartet, uns zu begegnen. Das alles gilt sowohl für Erwachsene als auch für Kinder. Die Erinnerung daran brauchen aber meist eher wir Erwachsenen. Es hängt weder von unserem Alter noch von unserer Reinheit oder Sündhaftigkeit ab, ob Gott zu uns sprechen kann.

Die Verbindung zwischen Gott und jedem Menschen beginnt mit der Initiative Gottes. Diese Verbindung bleibt dann aber nicht einseitig und ist auch Kindern möglich zu erleben und zu leben. Als Maria, die Mutter Jesu, gerade mit ihm schwanger ist, besucht sie ihre Verwandte Elisabeth, die gerade schwanger ist mit Johannes, der später Johannes der Täufer genannt werden wird. Als Maria das Haus von Elisabeth betritt, spürt Elisabeth, wie ihr Baby sich im Bauch lebhaft bewegt. Sie bemerkt den Grund der Tritte ihres Babys und sagt zu Maria: »Welche Ehre, dass die Mutter meines Herrn mich besucht! Als du das Haus betreten und mich begrüßt hast, hüpfte mein Kind beim Klang deiner Stimme vor Freude!« (Lukas 1,43-44). Das ungeborene Kind konnte wahrnehmen, dass Gottes Gegenwart den Raum betreten hatte.

Es hängt weder von unserem Alter noch von unserer Reinheit oder Sündhaftigkeit ab, ob Gott zu uns sprechen kann.

Die Verbindung zwischen Gott und Mensch findet beidseitig statt. Bereits Kinder können Gottes Gegenwart wahrnehmen. Auch heute noch.

Von Jesus umarmt

Bereits mit der Geburt ihrer Tochter hatte meine Freundin begonnen, Gott um etwas zu bitten. Es war das immer wiederkehrende, ganz konkrete Gebet meiner Freundin, dass ihre Tochter Honey nachts auf Jesu Schoß sitzen darf und seine Liebe wahrhaftig spürt. Inzwischen war Honey vier Jahre alt, konnte sprechen und hörte ihrer Mama gerade zu, wie sie aus ihrem Andachtsbuch vorlas. Eine Mutter erzählte darin, wie sie ihren Töchtern erklärte, dass Jesus eine Person ist, obwohl sie seine Umarmung nicht spüren können.

»Aber ich spüre Jesus«, unterbrach Honey das Lesen ihrer Mama.

»Ja? Wann?«, fragte diese erstaunt.

»Wenn ich schlafe. Dann zieht er mich in seine Umarmung«, antwortete die gerade mal vierjährige Honey.

HOFFNUNG IM HERZEN

Die Emmaus-Jünger

Mit Gott verbunden zu sein ist nicht eine Ansammlung von Wissen über ihn. Gott zu begegnen erweckt etwas in uns. So erlebten es auch die Jünger Jesu.

Vor drei Tagen ist das geschehen, was sie alle in ihrer festen Überzeugung erschüttert. Jesus Christus ist tot. Sie waren ihm gefolgt, hatten seine Botschaften gehört, hatten vieles aufgegeben, weil die Hoffnung in ihnen sie davon überzeugte, dass er es sein musste: der versprochene Messias. Doch nun ist er, von den Pharisäern initiiert, von den Römern festgenommen und auf Wunsch des Volkes getötet worden. Einige seiner engsten Jünger halten sich gemeinsam in einem Haus auf, doch alle übrigen Nachfolger gehen nach und nach wieder dorthin zurück, woher sie ursprünglich gekommen waren.

Zwei von ihnen sind gerade auf dem Weg nach Emmaus. Seit ein paar Stunden geht das Gerücht um, dass das Grab von Jesus heute leer gewesen sei. Es gibt vieles, worüber die beiden sich austauschen müssen, und so überrascht es sie, dass dieser Mann auf ihrem Weg von keinem der aufwühlenden Ereignisse der letzten Tage etwas mitbekommen zu haben scheint. Der Mann hat sich auf ihrer Route von Jerusalem nach Emmaus zu ihnen gesellt und offensichtlich von nichts eine Ahnung.

> Wenn wir Gott begegnen, wenn er zu uns spricht, dann wird unser Herz belebt und aufgeregt und brennend.

Eine ganze Zeit lang sprechen die beiden Jünger mit ihm, erzählen ihm von dem, was geschehen ist, und hören die Gedanken und Erkenntnisse dieses Mannes an, die in ihnen ein Gefühl wecken, das sie eigentlich von ihrem Rabbi Jesus kennen. Doch noch erkennen sie ihn nicht, hier, auf ihrem Weg, in ihrem Alltag. Erst als sie mit ihm zu Tisch sitzen und er das Brot bricht und dafür betet, erst da erkennen sie ihn, ihren Jesus. Nicht an seinen Lehren und seiner Weisheit erkennen die Emmaus-Jünger Jesus, sondern als sie beim Essen Gemeinschaft mit ihm haben.

»Brannte nicht unser Herz, als er mit uns sprach?«, überlegen sie danach (Lukas 24,32; LUT). Eine Begegnung mit Jesus weckt etwas in unseren Herzen, das uns lebendig und hoffnungsvoll werden lässt. Daran kannst du ihn in deinem Alltag erkennen. Wenn wir Gott begegnen, wenn er zu uns spricht, dann wird unser Herz belebt und aufgeregt und brennend.

Antons Zweifel

Schon von Geburt an hatte Anton immer wieder gehört, dass es Gott gibt. Inzwischen war er aber kein kleines Kind mehr, sondern schon sechs Jahre alt und sich nun nicht mehr ganz sicher, ob er die Geschichten über Jesus noch glauben sollte. Diese Ungewissheit wollte er loswerden, und so begann er zu beten: »Gott, ich kann nicht so richtig glauben, dass es dich gibt. Falls es dich doch gibt, dann sag mir mal was.« Bis heute hat er seinen Eltern nicht verraten, was Jesus ihm in diesem Moment sagte, doch es war so eindrücklich, dass er seitdem keinen Zweifel mehr an Gottes Existenz und Nähe hat.

VERSCHIEDEN VERBUNDEN

Jeder Mensch hat eine ganz eigene Verbindung zu Gott und diese Verbindung darf bei jedem Menschen ganz anders aussehen. Genauso geht es mir als Mutter mit meinen drei Kindern. Das eine

Kind liebt es, Zeit zusammen zu verbringen. Dieses Kind liebt es, nur mit Martin oder mit mir unterwegs zu sein und unsere Aufmerksamkeit nicht mit seinen Geschwistern teilen zu müssen. Das andere Kind braucht diese gemeinsamen Erlebnisse weniger. Sein Herz fühlt sich dann von uns gesehen, wenn wir uns seine Themen anhören, die es alltäglich beschäftigen. Mein außerordentliches Wissen über Dinosaurier, Fußballer und das Fangen von lebenden Krebsen am Strand habe ich ihm zu verdanken. Wenn ich weiß, was dieses Kind beschäftigt, fühlt es sich mit mir verbunden.

Auch zu unseren Kindern sucht Gott die Verbindung auf ganz unterschiedliche Weise. Das stelle ich auch bei meinen drei Kindern immer wieder fest. Einer meiner Söhne war schon immer sehr sensibel für die geistliche Welt. Er war sensibel für Angst, für Stimmungen und Atmosphären. Wir wohnten bis zu seinem fünften Lebensjahr in der Dortmunder Nordstadt und ich merkte, dass ihm nicht nur der Dreck auf den Gehwegen oder die Unterschiedlichkeit der Menschen und ihre Stimmungen auffielen, sondern auch die teilweise friedlose oder angespannte Atmosphäre, die an manchen Stellen herrschte.

Im großen Mehrfamilienhaus direkt gegenüber von unserem kleinen Einfamilienhaus gab es organisierte Kriminalität, Prostitution und einmal sogar Brandstiftung in einer der Wohnungen. Es gibt Menschen, die an so einem Haus ebenso unbekümmert vorbeilaufen wie an den gepflegten Vorgärten in einer Sackgasse der schicken Düsseldorfer Vorstadt. Andere Menschen hingegen spüren mit geschlossenen Augen, dass an diesem Ort Unrecht geschieht. Das eine ist nicht besser als das andere, es ist einfach nur anders. So gab es immer wieder Situationen, in denen wir bemerkten, dass unser Sohn die Atmosphäre an verschiedenen Orten wahrnahm und einen leichten Zugang zur unsichtbaren Welt hatte. Besonders deutlich wurde mir das, als ich einmal mit meinen beiden Söhnen spazieren ging.

Gespenster auf dem Friedhof

Da wir in unserem Haus in der Dortmunder Innenstadt keinen großen Garten hatten, fuhr ich jeden Tag mindestens einmal mit den Kindern in einen der vielen Parks oder Wälder Dortmunds. Nach und nach hatten wir die nahe liegenden Grünflächen jedoch »abgegrast«, und so kam es mir sehr entgegen, dass eine Bekannte mir vom zentral gelegenen Friedhof erzählte und davon schwärmte, dass er sich so gar nicht wie ein Friedhof, sondern mehr wie ein schön angelegter Park anfühle. Da mir kein anderer Park einfiel, den wir noch nicht gesehen hatten, packte ich die Jungs, den Kinderwagen und Amos' Laufrad ins Auto, und wir fuhren zum Friedhof.

Levi war noch ein Baby und Amos war drei Jahre alt. Er wusste weder, was ein Friedhof ist, noch kannte er das Prinzip des Sterbens und Beerdigtwerdens. Ich fand es auch nicht nötig, ihm das jetzt zu erklären, und sagte ihm stattdessen der Einfachheit halber, dass wir in einen Park gingen. Es war ein schöner frühsommerlicher Tag, Levi schlief im Kinderwagen schnell ein, die Sonne schien, die Vögel zwitscherten und nur selten begegneten uns auf den kleinen Wegen ein paar Menschen. Amos fuhr mit seinem Laufrad immer ein paar Meter vor mir her und wir folgten, ohne viel darüber nachzudenken, immer dem Weg, der uns die meisten Blumen und Sonnenstrahlen versprach.

Es waren gerade einmal zehn Minuten vergangen, als Amos mit seinem Laufrad anhielt, umdrehte und ankündigte, dass er wieder nach Hause fahren wolle. Auch wenn es ihm zu Hause manchmal schwerfiel, das Haus zu verlassen, so genoss er in der Regel aber unsere Erkundungstouren, wenn wir erst einmal an unserem Ziel angekommen waren. Diesmal war das anders. »Warum willst du denn nach Hause? Wir sind doch gerade erst hier angekommen«, fragte ich ihn erstaunt.

»Hier sind überall Gespenster« war seine Antwort, die mich wieder einmal sprachlos machte.

So etwas hatte Amos noch nie gesagt, weshalb ich besonders neugierig war zu verstehen, wovon er da sprach. Zusätzlich musste ich zugeben, dass diese Aussage eines Kindes, wenn überhaupt, dann wohl gerade an diesem Ort Sinn machte. Zumal er diese Gedanken sicher nicht aus irgendeiner Erzählung haben konnte. Er wusste ja nicht einmal, dass Menschen überhaupt starben.

»Meinst du Geister? Wo sind die denn?«, fragte ich ihn vorsichtig zurück.

Er drehte sich um zu den Wiesen, auf denen die Gräber waren, und deutete auf die Grabsteine, während er sagte: »Immer da bei den großen Steinen.«

Zu dieser Zeit gab es für unseren Sohn jeden Abend vor dem Einschlafen ein Problem. Er hatte Angst. Er wollte nicht schlafen, noch weniger alleine schlafen, und im Dunkeln schlafen stand gar nicht zur Debatte. Wenn ich ihm nun sagte, dass an dem, was er da wahrnahm, tatsächlich etwas dran sein könnte, dann, befürchtete ich, würde er zum Schlafen von nun an wohl am liebsten nicht nur unter meine Bettdecke schlüpfen, sondern sich vorzugsweise direkt wieder in meine Gebärmutter verkriechen. Gleichzeitig wollte ich ihm seine Wahrnehmung aber nicht beschwichtigend ausreden.

> Es war mir wichtig, dass unser Kind lernt, dass es seine Intuition, seine Wahrnehmung, sein Bauchgefühl nicht ignorieren muss.

Es war mir von Anfang an sehr wichtig gewesen, dass Amos schon von Kind an lernt, dass er seine Intuition, seine Wahrnehmung, sein Bauchgefühl nicht ignorieren muss. Das hieß natürlich nicht, dass all seine Wahrnehmungen ausnahmslos immer wahr sein mussten, und noch weniger, dass man ihnen jedes Mal blind und ohne Verstand folgen musste. Aber damit man es ernsthaft prüfen konnte, empfand ich es als wichtige Voraussetzung, dieses Bauchgefühl zuallererst wahrnehmen und beschreiben zu können.

Nach kurzem Überlegen entschied ich mich für eine Erklärung, die uns zwar neue Probleme bringen konnte, die ich aber in diesem Moment als wichtig empfand. Ich erklärte Amos, dass es durchaus sein könne, dass er hier etwas wahrnahm, was er als Gespenster beschrieben hatte. Ich sagte, dass wir auch über uns Menschen sagen, dass wir aus Körper, Seele und Geist bestehen, und dass Gott sich selbst als Geist bezeichnete. Er nennt sich Heiliger Geist, und das bedeutet, dass er perfekt und nur gut ist. Geister müssten also nicht grundsätzlich etwas Angsteinflößendes sein. Es könne aber auch sein, dass es Geister gibt, die nichts mit Gott zu tun haben und nur da sind, um uns Angst zu machen.

Ich konnte ihm erklären, dass wir als Christen glauben, dass der Heilige Geist der stärkste aller Geister ist und dass wir deshalb keine Angst mehr vor irgendetwas anderem haben müssen, weil wir zu ihm gehören. Konzentriert hörte mein Sohn mir zu und schien das Gehörte mit seiner Logik und seinen Empfindungen in ein System zu bringen. Der Nachmittag verging, und am Abend wartete ich etwas nervös auf den Moment des Schlafengehens. Doch zu meinem Erstaunen hatten die neuen Erkenntnisse des Tages nicht zu mehr Angst vor der Dunkelheit geführt. Im Gegenteil.

Ich las Amos eine Geschichte vor, betete abschließend für den Tag und sagte ihm Gute Nacht. Er antwortete mir dasselbe, drehte sich um und schlief an diesem Abend zum ersten Mal seit Langem wieder problemlos und allein in seinem Zimmer ein. Meine Erklärungen für seine Wahrnehmungen hatten für ihn Sinn gemacht und ihm geholfen, sie richtig einzuordnen.

Einige Jahre später erzählte ich dieses Erlebnis auf meinem Social-Media-Kanal. Wieder einmal war ich unsicher, ob ich meine Zuhörer damit überforderte, zumal es sich diesmal zwar um Erwachsene, dafür aber teilweise auch um Menschen handelte, die keinen christlichen Hintergrund hatten. Meine Unsicherheit hielt nur so lange an, bis ich eine besondere Nachricht bekam. Eine Frau mit muslimischem Hintergrund schrieb mir als Reaktion auf das von mir Erzählte und dankte mir für die für sie aufschlussreichen Erklärungen. Sie hätte sich gewünscht, so etwas ein paar Jahre zuvor für ihre damals dreijährige Tochter gewusst zu haben, um ihr in ihrer Angst zu helfen. Sogar für jemanden, der einen anderen Glauben hatte als ich, machten die Erläuterungen Sinn.

Ein anderer Zugang zu Gott

Manche Kinder sind sehr sensibel für die geistliche Welt, haben vielleicht schnell »ohne Grund« Angst und finden Trost und Sinn in ihrem kognitiven Verständnis von Jesus und seinen Botschaften. Doch dann gibt es auch Kinder, bei denen das anders ist. Diese Kinder leben einfach ihr Leben, ohne sich große Gedanken oder große Sorgen zu machen. Ich habe auch so ein Kind.

Dieses Kind stellt wenige Fragen rund um den Glauben an Gott und hat auch nicht so sehr den Drang, das verbal ausgedrückte Gespräch mit Gott zu suchen. Dieses Kind ist ein Entdecker. Es ist immer unterwegs, sein Körper muss ständig in Bewegung sein. Sein Kopf begreift und sein Sinn erlebt das, was seine Hände und Füße erspüren. Solch ein Kind kann möglicherweise wenig Zugang dazu haben, zehn Minuten still zu sitzen, um mit Gott zu reden. Drei Jahre lang hat unser Sohn noch nicht einmal mit uns sonderlich viel gesprochen.

Immer wieder machte ich mir Gedanken, ob wir seine Verbindung zu Gott mehr hätten stärken sollen oder ob er überhaupt eine Verbindung zu Gott hatte. Ich dachte, er könne Gott auf seine Art und Weise nur schwer finden oder erleben. Doch nach und nach erlebte ich, wie Gott höchstpersönlich mein Kind suchte und fand. Gott zeigte mir mehrmals sehr deutlich, dass er selbst durchaus dazu in der Lage war, die Verbindung zu meinem Sohn zu finden, und dass auch mein Sohn in der Lage war, eine Verbindung zu ihm zu haben, auch wenn sie ganz anders aussah, als wir es erwarteten.

Schon als ich mit diesem Kind schwanger war, gab es einen Moment, in dem ich plötzlich überwältigt davon war, wie sehr Gott es liebt. Ich saß gerade am Klavier in unserem Haus in der Nordstadt und spielte das Lied »Closer« von Steffany Gretzinger. Mein anderer Sohn baute auf dem Wohnzimmerboden neben mir mit seinem Freund von nebenan eine Welt aus Räubern und Polizisten mit all den Spielsachen, die sie in den wenigen Jahren ihres jungen Lebens schon dazu gesammelt hatten. (Vermutlich war das ihre Art, ihr Leben in der Dortmunder Nordstadt mit all den Polizeieinsätzen, die sie bereits gemütlich von ihrem Platz auf der Fensterbank unseres Wohnzimmers beobachtet hatten, zu verarbeiten.) Während ich die Bridge des Liedes sang, kamen mir überraschend die Tränen, weil ich spürte, wie voll von Liebe Gottes Herz für diesen kleinen ungeborenen Menschen war, den ich noch nicht kennengelernt hatte. »O how great your love is for me (Oh, wie groß ist deine Liebe zu mir)«, lautet der Text an dieser Stelle. Gott hat keine Schwierigkeiten, unseren Kindern zu begegnen. Er sucht sie und er findet sie, und das sogar ohne ihr Zutun. Er rennt ihnen hinterher, weil er sie liebt, seit er sie erfunden hat, und sich mit ihnen verbunden fühlt.

> Gott hat keine Schwierigkeiten, unseren Kindern zu begegnen. Er sucht sie und er findet sie, und das sogar ohne ihr Zutun, weil er sie liebt.

Bei all der körperlichen Energie, die dieser kleine Mensch bereits in den ersten Monaten seines Lebens entwickelte, erstaunte uns immer wieder seine Liebe zu Büchern. Wir fanden ihn an allen möglichen und unmöglichen Stellen des Hauses, sogar auf hoch gebauten Türmen und Schränken, mit einem Buch in der Hand. Ich bemerkte, wie Gott ihn auf die schönste und beruhigendste Art verfolgte, zuerst daran, dass mein Sohn trotz seines mangelnden Interesses an den Themen des christlichen Glaubens eine große Anziehung zu den Geschichten der Bibel empfand. Als er anfing zu sprechen und von uns vorgelesene Geschichten zu begreifen, suchte er sich für die abendliche Geschichte sehr oft eines seiner Bücher mit Geschichten aus der Bibel aus. Doch es gab noch mehr, woran ich erkannte, dass Gott nicht damit überfordert war, einen Zugang zu seinem Herzen zu finden.

Beten, ohne es zu merken

An einem Abend war Martin unterwegs und ich hatte die Kinder gerade schlafen gelegt. Mein Sohn war fünf Jahre alt und brauchte von allen drei Kindern meistens am längsten, um einzuschlafen. Er lag in seinem Zimmer im Bett, durfte noch so lange lesen, wie er es brauchte, und schlief dann irgendwann selbstständig ein. Ein paar Wochen zuvor hatte er vor dem Schlafengehen sein Regal mit allen CDs, die wir besaßen, durchstöbert und sich für eine CD entschieden, die ihn ungeplant die nächsten Wochen über begleiten würde. Die meisten der CDs auf seinem Regal waren für Kinder, bis auf einige wenige, die ich mir als Erwachsene gekauft hatte, aufgrund der vielen verfügbaren Streaming-Dienste aber nicht mehr über einen CD-Player hörte.

Jede CD hatte er sich angeschaut und war bei dieser einen hängen geblieben, dabei war nichts an ihr für ein Kind ansprechend. Weder die äußere Verpackung, die mit ein paar bunten Farben und dem Titel des Albums nichts darüber aussagte, was sich hierin befinden könnte, noch der Inhalt mit seinen christlichen Liedern auf englischer Sprache. Doch sie war es, die er nach ausgiebiger Suche aus dem Regal zog, in seinen CD-Player einlegte und in den nächsten Wochen nicht mehr herausholen würde. Diese Musik sollte seine neue Einschlafmusik werden.

Hätte ich ihn dazu überreden wollen, diese CD zu hören, hätte er wahrscheinlich nichts daran interessant gefunden. Aber irgendwas – oder irgendwer – hatte ihn dazu hingezogen. Mich amüsierte es jeden Abend, meine altbekannte Musik aus seinem Zimmer zu hören, ich machte mir ansonsten aber keine weiteren Gedanken darüber. Bis ich an diesem Abend, nachdem seine beiden Geschwister schon eingeschlafen waren und er seine Müdigkeit noch suchte, nicht nur den Klang der CD aus seinem Zimmer strömen hörte, sondern zusätzlich auch seine singende Stimme. Das war sehr ungewöhnlich, da das Singen bisher absolut nicht sein Ventil gewesen war, um seinem Inneren Ausdruck zu verleihen.

I want to be close to you
I want to be close to you
There's nothing in this world
That compares to all you are[1]

Er wusste nicht, was diese englischen Worte bedeuteten, und sein Verstand hatte keine Ahnung, was er da sang. Doch jetzt sang er diesen Text, der den Kern des Glaubens an Jesus beinhaltete, und verstand nicht einmal ein Wort davon. Das musste er aber auch nicht, weil Gott etwas in ihm tat, was nicht von seinem Intellekt abhing. Gott hatte ihn liebevoll zu sich gezogen, sodass er diese CD ausgesucht hatte und sie seitdem immer und immer wieder hörte. Gottes Liebe hatte ihn gesucht und gefunden, und er war es, der diesem fünfjährigen Kind diese Worte der Hingabe in den Mund legte.

»Komm, zieh mich ganz nah zu dir. Komm, zieh mich ganz nah zu dir. Denn nichts in dieser Welt ist so wunderbar wie du.«[2] Dieses Gebet sprach mein Sohn aus, ohne es zu wissen. Er selbst hatte kein Interesse daran, ein Gebet zu formulieren, also hatte Gott ihm eines auf seine Lippen gelegt. Mein Sohn brauchte für seine Verbindung zu Gott nicht, dass wir ihn jeden Abend dazu drängten, auf unsere Art zu Gott zu beten. Er hatte eine eigene Verbindung zu Gott, für die nur er und Gott zuständig waren. Nur wenige Jahre später würde mein Sohn uns dringlich um Erlaubnis bitten, sich in unserer Kirche taufen zu lassen. Das erste Lied, was an diesem Sonntag im Gottesdienst, kurz vor den Taufen, »zufällig« gesungen werden würde, war eines von genau dieser CD.

Gott läuft Kindern wie diesem hinterher und versteckt sich in ihrem Alltag für sie. Wir können es nicht kontrollieren. Gott geht mit unserem Kind seinen ganz eigenen Weg, anders als mit seinen Geschwistern, die mehr auf kognitiver oder emotionaler Ebene mit Gott verbunden sind. Menschen sind unterschiedlich, und das war Gottes Idee. Gott ist damit nicht überfordert.

GLAUBE IST KEIN FAMILIENNAME

Die Verbindung zwischen Gott und einem Kind ist nicht von uns abhängig. Sowohl in meinem Leben als auch im Leben meiner Kinder erkenne ich, dass Gott seinen eigenen Weg mit jedem Kind hat. Die Erklärungen, die wir Kindern über Gott mitgeben, werden ihnen helfen, Gottes Wirken in ihrem Leben zu erkennen. Aber das Wirken Gottes in ihrem Leben geschieht durch Gott selbst, nicht durch uns. Wir können ihnen Steine aus dem Weg räumen und es ihnen leichter machen, ihre Verbindung zu Gott zu sehen und zu verstehen.

Als Eltern ist diese Mündigkeit unserer Kinder manchmal schwer auszuhalten. Den meisten christlichen Eltern ist es das größte Herzensanliegen, dass ihre Kinder den Glauben als genauso wertvoll einschätzen wie sie selbst. Doch der Glaube an Gott lässt sich nicht von Generation zu Generation vererben.

Wenn Gott eine Verbindung zu jedem unserer Herzen möglich machen und uns nicht nur mit einem theoretischen Glaubenskonzept versorgen will, dann ist das etwas, was nur zwischen seinem Herzen und dem Herzen eines jeden einzelnen Menschen geschehen kann. Das erste Gebot, Gott von ganzem Herzen, mit ganzer Hingabe und mit ganzem Verstand zu lieben, kann nicht von Generation zu Generation wie ein Familienname weitergegeben werden. Wir können unsere Kinder mit Wissen und Erfahrungen beschenken. Danach dürfen wir sie freilassen, ihre eigenen Entscheidungen zu treffen, und dürfen Gott zutrauen, ihnen nachzujagen und ihre Herzen zu erreichen.

Der Glaube an Gott lässt sich nicht vererben.

Steine aus dem Weg räumen

Es gibt verschiedene Dinge, die wir tun können, um Kindern zu helfen, ihre eigene Verbindung zu Gott aufzunehmen.

Wir können mit ihnen die Erkenntnisse und Erlebnisse aus unserem Leben teilen, die wir in unserer eigenen Verbindung mit Gott erlebt haben. Hierbei geht es nicht um auswendig gelernte Weisheiten, sondern um vom eigenen Herzen erkannte Wahrheiten.

Wir können sie mit der Bibel füttern, weil die Bibel nicht nur spannende Geschichten beinhaltet, sondern uns ganz viele, immer neue Geheimnisse über Gottes Herz offenbart.

Wir können Begegnungsflächen schaffen, in denen die Erwartung herrscht, dass Gott präsent ist und wirken kann. Das kann durch Gebet füreinander passieren, durch Lobpreis oder meditative Zeiten, in denen wir bewusst Raum schaffen, Gott zu begegnen.

Wir können Kindern ganz praktisch erklären, wie man Gottes Reden wahrnehmen kann. Es entsteht ein großer Schatz für ihr ganzes Leben, wenn diese praktischen Ideen dann auch tatsächlich gemeinsam ausprobiert werden.

Was für unsere Kinder vielleicht am prägendsten sein wird, damit sie ihre eigene Verbindung zu Gott erkennen, ist, sie ernst zu nehmen. Wir können danach suchen, was der Vater in ihnen tut, ohne ihnen unsere antrainierten Wege des Zugangs zu Gott aufzudrücken.

Danke, Gott, dass du meine Kinderküche gebaut hast. Und danke, dass du mich gebaut hast. Und danke für Eis.
Phox, 3 Jahre alt

Tiefer gehen

Johannes 10,27: Jesu Schafe hören seine Stimme

Matthäus 27,50: Der Vorhang im Tempel zerreißt

Johannes 4,10: Die Verbindung ging von Gott aus

Römer 5,8: Jesus starb für uns, als wir noch Sünder waren

Johannes 16,8: Der Heilige Geist öffnet unsere Augen

Jeremia 1,5: Gott kennt uns von Mutterleib an

Römer 8,38: Nichts kann uns von Gottes Liebe trennen

Lukas 1,44: Ein Kind nimmt Gottes Gegenwart wahr

Lukas 24: Die Emmaus-Jünger

4 Himmlisch stark

VERFOLGUNGSJAGD IM GOTTESDIENST

Es ist nun unser zweiter Urlaub in Kalifornien als Familie. Wieder sind wir hier im nordkalifornischen Redding, um diesmal andere Freunde zu besuchen, die für ein Jahr als Familie hierhergezogen sind, weil sie sich durch die Jüngerschaftsschule in ihrem Glaubensleben inspirieren lassen möchten. Mit einer weiteren befreundeten Familie teilen wir uns ein kleines Ferienhaus mit Pool im Garten. Wir genießen unsere Zeit hier bei herrlichem kalifornischem Frühlingswetter, das mit seinen 25 bis 30 Grad Celsius unserem deutschen Sommer sehr ähnlich sieht. Die Kinder freuen sich, ihre Freunde um sich herum zu haben, und wir Erwachsenen haben eine wohltuende Mischung aus Gemeinschaft und inspirierenden Zeiten in der Kirche, zu der die Jüngerschaftsschule gehört.

An einem Sonntagabend lasse ich Martin mit den Kindern in unserem Urlaubszuhause und fahre in die nahe gelegene Kirche zum Abendgottesdienst. Heute Abend sehe ich hier niemanden, den ich kenne, aber das stört mich nicht. Ich suche mir einen Platz, während die Band beginnt, das erste Lobpreislied zu spielen. Die Stimmung ist fröhlich und entspannt und die Leute fühlen sich frei aufzustehen, nach vorne zu gehen, um dort im Stehen Gott anzubeten, oder auf ihren Plätzen sitzen zu bleiben. In den Liedern geht es meistens darum, Gott als König anzubeten oder ihm Wertschätzung für das, was er für uns Menschen ist und für uns getan hat, auszudrücken.

Mit geschlossenen Augen stehe ich da und genieße die Lieder und die konzertreifen Klänge der professionellen Band. Als ich meine Augen wieder öffne, fällt mein Blick auf ein Kind. Während vorne, zwischen der Bühne und der ersten Stuhlreihe, um die hundert Menschen stehen und Gott mit Liedern anbeten, rennt dieses Kind im Slalom durch die Menschenmenge hindurch. Erst ein paar Sekunden später erkenne ich, warum das Kind sich in diesem Moment nicht nur aus Langeweile zu beschäftigen scheint, sondern sich offenbar auch köstlich amüsiert: Es spielt Fangen mit seinem Vater.

Niemand stört sich an den beiden und mein Blick verfolgt ihre Jagd einen Moment lang. Erst jetzt fällt mir auf, was die Leute um uns herum gerade singen. »I will pursue you« lautet die Textzeile, die im Refrain des Liedes immer wiederholt wird. »Ich werde dir nachjagen«, singen sie Gott zu, um auszudrücken, wie wichtig er ihnen ist. All diese Menschen drücken durch diese Worte und Klänge mit ihrem ganzen Sein aus, dass Gott es ihnen wert ist, ihm mit allem, was sie sind und haben, nachzujagen. Gottes Reaktion darauf versteckt sich für mich in diesem Kind mit seinem Vater. So wie die Menschen es Gott zusingen, so spricht auch er zu uns: »Ich werde dir nachjagen, egal, wohin du gehst. Ich komme zu dir, dorthin, wo du bist und wo du gefunden werden willst. Es hängt nicht von deinem Kraftaufwand ab, mich finden zu können. Ich, Gott, nehme den Kraftaufwand auf mich, um dir nahezukommen …, wenn du möchtest.«

Gott hat das Spielen eines Kindes genutzt, um zu mir zu reden. Er traut schon Kindern zu, seine Botschafter zu sein.

EIN KLEINER PROPHET

Eine der biblischen Personen, an denen wir erkennen können, dass Gott Kinder als vertrauenswürdig und ernst zu nehmend einschätzt, ist Samuel. Ein paar Jahre ist Samuel erst alt, als er von seiner Mutter Hanna zum Priester Eli nach Silo gebracht wird, um von nun an dortzubleiben. Flehend hatte sie ein paar Jahre zuvor um dieses Kind gebeten und Gott versprochen, es in seinen Dienst zu stellen, wenn er ihr Gebet erhören würde. Im selben Jahr wurde sie schwanger, und nun war sie wieder hier. Das jährliche Opfer stand an und Hanna zog gemeinsam mit ihrem Mann und Sohn nach Silo, um ihr Opfer zu bringen. Von nun an würde Eli sich um Samuel kümmern und ihn im priesterlichen Dienst lehren.

»Damals waren Botschaften vom Herrn selten und Visionen kamen nicht häufig vor«, lesen wir über die geistliche Situation in Israel (1. Samuel 3,1). Doch als Samuel eines Abends auf seiner Matte liegt, um zu schlafen, hört er, wie Gott seinen Namen ruft. Zuerst glaubt er, dass es Eli ist, der ihn ruft, bis dieser ihm erklärt, dass es Gott ist, der mit ihm spricht.

In einer Zeit, in der Gott nur selten seine Worte mitteilte und er sogar einen erfahrenen Priester zur Verfügung gehabt hätte, um wichtige Botschaften weiterzugeben, suchte Gott sich ein Kind aus, um zu sprechen. Samuel blieb sein Leben lang ein wichtiger Sprecher für Gott und Überbringer seiner Botschaften. Er war es, der später König David, den Hirtenjungen, vom Feld holen ließ, um ihn zum König zu salben. Auch David war übrigens zum Zeitpunkt seiner Salbung zum König noch jung.

> Die Bibel berichtet uns von einigen Menschen, denen Gott bereits im Kindesalter Autorität und Berufung zuspricht.

Die Bibel berichtet uns von einigen Menschen, denen Gott bereits im Kindesalter Autorität und Berufung zuspricht.

»ICH HAB MIT JESUS DARÜBER GEREDET«

Gottes besondere Wertschätzung für Kinder und sein Reden zu ihnen haben nie aufgehört, und wir können es auch heute erleben. So wie die Familie von Phox' Freundin Honey.

Nachdem Honeys Papa jahrzehntelang mit Müdigkeit, Allergien und anderen seinen Alltag einschränkenden Symptomen zu kämpfen hatte, wurde irgendwann endlich eine Unverträglichkeit gegen mehrere Nahrungsmittel diagnostiziert. Das bedeutete zwar neue Einschränkungen in seiner Ernährung, befreite die Familie aber von der Last seiner bisher täglichen Symptome. Honey hatte nun einen energiereicheren Papa, allerdings konnte sie nicht mehr ihr Lieblingsessen mit ihm genießen: ein Eis.

Immer wieder bat sie ihn, doch mit ihr zusammen ein Eis zu genießen. Immer wieder erklärte er ihr, dass sie gerne ein Eis haben kann, er allerdings keines essen darf, weil es seinem Körper nicht guttut.

Einige Wochen später sagte Honey zu ihrem Papa: »Ich hab mit Jesus darüber geredet. Er hat gesagt, es ist okay, und du darfst jetzt wieder ein Eis essen.«

So süß er das Wunschdenken seiner Tochter auch fand, so sehr wollte Honeys Vater ihr dennoch auch das Gefühl vermitteln, dass ihr Gebet ernst zu nehmen ist. So antwortete er ihr: »Okay. Morgen gehen wir zusammen ein Eis essen.«

Sein Plan war, nur einmal am Eis zu lecken, in der Hoffnung, dadurch keinen direkten Rückfall in die Symptome seiner Unverträglichkeiten zu erleben. Doch im Lauf des Abends stieg in ihm der Wunsch auf, mit seinem Handeln sowohl Honey als auch Gott gegenüber seinen Glauben auszudrücken, dass Gott das Gebet seiner Tochter tatsächlich erhört haben könnte.

Und so gingen sie am nächsten Tag in die Stadt, kauften sich beide ein eigenes Eis und genossen es gemeinsam. Sein Körper zeigte keine Reaktionen. Seitdem isst er wieder alles, was er mag.

Wenn ich euch nicht höre, dann flüstert Jesus mir das ins Ohr, was ihr mir sagt.
Honey, 4 Jahre alt

HEILUNGSGEBET IM KINDERGOTTESDIENST

Es war bei unserem ersten Besuch in Redding, Kalifornien, und wir machten Urlaub bei unseren Freunden, die die Jüngerschaftsschule einer großen Kirche hier besuchten. Meine Lungenentzündung hatte ich inzwischen überwunden, und nachdem wir unsere Rückflüge umgebucht hatten, blieb uns noch etwas mehr Zeit, um unseren Urlaub hier zu genießen. Da ich seit Jahren in die Kirchenarbeit für Kinder involviert war und ich bereits seit einiger Zeit immer mehr Bibelstellen entdeckte, die mir Gottes Herz für Kinder ganz neu zeigten, wollte ich mir hier gerne den Kindergottesdienst anschauen. Diese Kirche in Redding war seit Jahrzehnten dabei, Gottes Reden und Wirken sehr intensiv zu erleben, unter anderem auch, dass das Reden Gottes nicht nur für Erwachsene erfahrbar war.

Während ihrer großen jährlichen Konferenz für Kirchenleiter und Pastoren aus der ganzen Welt ließen die Veranstalter jedes Mal auch ein geschultes Team von prophetisch begabten Personen nach vorne auf die Bühne kommen, um über den Leitern zu prophezeien. In einem Jahr kündigte der Leiter der Kirche sein diesjähriges Team von Propheten mit den Worten an: »Dieses Jahr haben wir unsere stärksten Geheimwaffen für euch hier. Unsere Kinder.« Eine Gruppe von Kindern kam auf die Bühne und begann, einzelnen Personen präzise und kraftvolle Eindrücke weiterzugeben.

Ich hatte mich dazu angemeldet, heute im Kindergottesdienst als Besucher dabei zu sein. Die Kinder und Mitarbeiter waren bereits im Raum. Ein paar weitere Besucher und ich kamen hinzu und nahmen in der letzten Reihe unsere Plätze ein, während die Kinder sich nach und nach in dem unbestuhlten Raum in Gruppen auf den Boden setzten. Da gerade Ferien waren, hatten die Mitarbeiter anstelle des üblichen Programms für heute ein Quiz-Spiel vorbereitet. Nach einer kurzen Erklärung durch den Leiter begann das Spiel, die Kinder hatten großen Spaß und waren aufmerksam dabei. Während eines Gruppenspiels wurde der Leiter von einem Mitarbeiter unauffällig an den hinteren Eingang des großen Raumes gebeten, wo ihn ein Mann des Securityteams ansprach. (Da diese Kirche weltweit für ihre Gottesdienste und sonstigen Angebote bekannt, aber nicht nur beliebt ist, war es irgendwann notwendig geworden, das ganze Gebäude und die leitenden Personen durch Sicherheitspersonal unauffällig zu schützen.)

Die Kinder hatten von dem Gespräch ihres Leiters nichts mitbekommen, bis er wieder nach vorne ging, das Mikrofon ergriff und die Aufmerksamkeit aller Kinder auf sich richtete. »Ihr dürft euch alle einmal umdrehen. Seht ihr Carl dort hinten? Er ist hier für unsere Sicherheit zuständig. Carl hat mir gerade erzählt, dass er diese Woche beim Arzt war und der Arzt ihm gesagt hat, dass Carl Krebs hat. Krebs macht den Körper kaputt und kann nicht immer einfach so entfernt werden. Deshalb hat Carl gefragt, ob ihr Kinder für ihn beten könntet.« Carl kam nach vorne, die Kinder stellten sich alle um ihn herum, formten mit ihrer Hand eine Pistole und schossen den Krebs gemeinsam symbolisch ab. Der Leiter sprach noch ein Gebet und lud gleichzeitig auch die Kinder ein, laut für Carl zu beten.

Ich weiß nicht, was aus Carl und seiner Krankheit geworden ist. Ich weiß aber, dass diese Kirche jeden Samstag ihre Healing Rooms geöffnet hat, in denen mit viel biblischer Lehre und ermutigenden Zeugnissen für Personen gebetet wird, die körperliche oder seelische Beschwerden haben. Ich weiß auch, dass während dieses Kindergottesdienstes der Gottesdienst für Erwachsene stattfand, der immer damit endet, dass Menschen für sich beten lassen können. Für Carl gab es in dieser Kirche viele Orte, an denen er Gebet bekommen hätte. Doch er wählte den Kindergottesdienst aus.

WORTE HABEN MACHT

Gott erschuf die Welt mit seinen Worten, und er entschied während der Schöpfung, dass der Mensch nach seinem Ebenbild gemacht sein soll. Auch in unseren Worten liegt daher eine Kraft, die über die Weitergabe von Informationen hinausgeht. Diese Kraft können auch Kinder bereits kennenlernen.

Eine kleine Freundin meiner Tochter lernte, mit ihrer Mutter die Lügen zu identifizieren, die ihr Angst machen wollten. »Die Angst sagt mir abends, dass ich alleine bin.« Im Bewusstsein, dass Lügen ihre Macht verlieren, wenn sie mit der Wahrheit konfrontiert werden, lernte sie, immer die Wahrheit zu suchen, die diese Lüge verscheucht. »Stimmt es, dass du alleine bist?«, fragte ihre Mutter dann. »Nein, ihr seid da und Gott ist da«, wusste die Tochter meiner Freundin und konnte von nun an immer die passende Wahrheit aussprechen, um die Lüge zu entmachten.

Als unser dreijähriger Sohn häufiger mit abendlicher Angst zu kämpfen hatte, gewöhnte er sich einen Satz an, den er dann immer laut und deutlich in Richtung der Angst in seinem Zimmer rief: »Hey! Jesus ist hier der Chef!« Manchmal fügte er noch hinzu: »Und ich bin sein Freund.« So wies er die Angst in ihre Schranken und gewährte ihr nicht mehr die Herrschaft über sich und sein Zimmer.

In unseren Worten liegt eine Kraft, die über die Weitergabe von Informationen hinausgeht. Diese Kraft können bereits Kinder kennenlernen.

Meine Tochter Phox hat eine kleine zweijährige Freundin, die manchmal, wie sie es beschreibt, Wölfe sieht. Ihre Eltern nehmen die geistliche Welt ernst und lehrten ihre Tochter, mit ihren Worten für Ordnung zu sorgen: »Geh weg im Namen von Jesus«, ruft sie nun immer, wenn sie diese Wölfe sieht.

Ein Freund meines Sohns hatte mit einer anderen Art von Angst zu kämpfen und erlebte Jesus dabei. Immer wieder kamen sie und wollten den Freund meines Sohnes daran erinnern, dass er nicht gut sei. Es waren, wie er es nannte, Stimmen in seinem Kopf, die ihm Lügen über sich selbst erzählten. Sie sagten, dass er nicht wertvoll sei und dass keiner ihn möge. Diese Stimmen fühlten sich so mächtig an, dass er sie nicht ausschalten konnte, sosehr er es auch wollte. Er erzählte seinen Eltern davon und gemeinsam wandten sie sich an Jesus. Jesus antwortete dem Jungen mit Wahrheiten, die zu ihm ganz persönlich passten. Die Gedanken sind seitdem nicht endgültig verschwunden, doch nun hat er einen wertvollen Schlüssel an der Hand, um die Lügen zu bekämpfen: die Wahrheit. Ab und zu finden seine Eltern noch heute kleine Zettel auf seinem Schreibtisch, auf denen er selbst alles aufschreibt, was ihn wertvoll macht.

Für jedes Kind und für seine ganz eigenen Themen können wir mit ihm und mit Gott zusammen Lösungen finden, die genau für es passen. Die Formulierung des einen Kindes als Reaktion auf eine beängstigende Lüge muss nicht die Formulierung sein, die einem anderen Kind hilft. Die Erzählungen anderer Familien dürfen wir als Inspiration nutzen und dann die Lösungen finden, die für uns und unsere Familie passen.

WENN EIN KIND GLAUBT

In den Evangelien gibt es eine Begebenheit, die uns erkennen lässt, weshalb Jesus Kindern zutraut, seine Botschaft vom Reich Gottes zu verstehen.

Der Tag begann bereits, sich dem Ende zuzuneigen. Die Gegend war eigentlich einsam und abgelegen, doch eine aufsehenerregende Menge an Menschen befand sich noch hier und machte nicht den Eindruck, bald wieder nach Hause aufbrechen zu wollen. Sie waren weit gelaufen, teilweise sogar gerannt, um schon da zu sein, wenn dieser Mann und seine Freunde mit dem Boot hier ankommen würden. Sie hatten gehört, wie erfrischend und belebend er von all den alten Texten sprach, die die meisten von ihnen schon seit ihrer Kindheit kannten und häufig doch noch nie verstanden hatten.

Wenn kranke Menschen ihm begegneten, wurden sie plötzlich gesund, und wenn trauernde Menschen ihn aufsuchten, hörte man plötzlich Lachen und Tanzen. Um ihn herum spürte man Frieden. Der Gott, an den viele dieser Menschen seit Generationen glaubten, fühlte sich in seiner Nähe so nahbar an, so greifbar nah. Seine Botschaften machten die Seele gleichzeitig satt und hungrig nach mehr davon. Doch jetzt war absehbar, dass es bald dunkel werden würde, und wo die mehreren Tausend Menschen heute Nacht essen und schlafen sollten, war den engsten Freunden des Mannes ein Rätsel. Die Menschenmenge selbst schien darum nicht besorgt zu sein. Ihr Hunger nach seinen Worten ließ sie das Knurren ihres Magens vergessen. Jesus hieß er, dieser Mann, der so bodenständig und heilig zugleich wirkte.

»Schick die Leute weg, dann können sie in die Dörfer gehen, um sich etwas zu essen zu kaufen«, schlugen seine Freunde ihm nun vor (Matthäus 14,15).

Jesus dagegen war trotz eintretender Abenddämmerung ähnlich unbesorgt wie die Menschenmenge selbst. »Das ist nicht nötig – gebt ihr ihnen zu essen«, entgegnete er ihnen und forderte sie damit heraus, ihre am Verstand orientierten Lösungswege nicht als einzige Strategien zu nutzen (Matthäus 14,16).

»Hier ist ein kleiner Junge mit fünf Gerstenbroten und zwei Fischen. Doch was nützt uns das bei so vielen Menschen?« war der Versuch von Andreas, Jesus wieder auf den Boden der Tatsachen zu holen (Johannes 6,9).

5 000 Männer schätzten sie hier versammelt zu sein. Vermutlich waren mindestens ebenso viele Frauen da, und gemessen am Kinderreichtum der Menschen dieser Kultur zu dieser Zeit dürfte noch mal ein Vielfaches davon an Kindern dort gewesen sein. Es ist nur eine Vermutung, aber ich persönlich kann nur schwer glauben, dass bei dieser Menge an Menschen tatsächlich nur ein einziger Junge etwas zu essen bei sich hatte.

Vielleicht hatten die Freunde Jesu gerade erst die in der Nähe stehenden Menschen gefragt, ob jemand etwas dabeihatte. Vielleicht hatten manche ihr Essen nicht teilen wollen, weil sie wussten, dass sie es selbst brauchen würden. Vielleicht hatten wirklich viele auch einfach nichts dabei, weil sie so spontan den mit dem Boot davonfahrenden Jesus über den Landweg einzuholen versucht hatten und dafür keine Lasten mit sich tragen wollten. Was ich mich aber vor allem frage, ist, ob dieser Junge unter all diesen Menschen vielleicht einfach nur der Einzige war, der den Glauben hatte, dass sein kleiner Beitrag in den Händen Jesu tatsächlich einen Unterschied machen könnte.

Ich frage mich außerdem, wie es dazu kam, dass der Junge mit fünf Broten und zwei Fischen unterwegs war. Auch das ist nur eine Vermutung, aber vielleicht hatte dieser Junge eine Mutter oder einen Vater zu Hause, die ihm die Hände gefüllt und ihn mit dem versorgt hatten, was er für seinen Tag unterwegs brauchen würde. Eine Mutter hatte ihr Kind versorgt und ein Vater hatte seinen Sohn gelehrt, großzügig zu sein. Ein Kind wuchs bei Erwachsenen auf, die nicht nur seinen Körper, sondern auch sein Herz so gut versorgten, dass es für das Kind selbstverständlich war, an anderen zu geben. Auch wenn die familiären Umstände dieses Jungen frei erfunden sind, möchte ich uns ermutigen und daran erinnern, dass das Zuhause von Kindern ein wichtiger Ort ist, an dem sie Gott selbst und sein Denken und Herz kennenlernen können.

Gott gibt Kindern eine Autorität, die wir ihnen häufig noch nicht zutrauen. Die Erlaubnis, sie zu nutzen, brauchen sie von uns.

Selbst wenn dieser Junge keine unterstützenden Eltern hinter sich stehen hatte, dann traf er doch in dieser Geschichte spätestens in Jesus einen Erwachsenen, der in ihm den Glauben weckte, etwas Wertvolles zu geben zu haben. Jesus schuf einen Rahmen, in dem dieses Kind etwas geben konnte und somit eine Bereicherung und ein Segen für andere wurde.

Gott gibt Kindern eine Autorität, die wir ihnen häufig noch nicht zutrauen. Die Autorität haben sie von ihm, die Erlaubnis, diese zu nutzen, brauchen sie von uns.

HILFE BEI DER PREDIGTVORBEREITUNG

Mit den Themen, die mir am Herzen liegen, bin ich regelmäßig in Gemeinden oder bei christlichen Veranstaltungen unterwegs, um dort Seminare zu halten oder Inputs zu geben. Als ich irgendwann zu meiner eigenen Überraschung merkte, dass es meinem Sohn leichtfiel, Gott Fragen zu stellen und von ihm Ideen oder Informationen zu empfangen, die er sich aufgrund mangelnden Hintergrundwissens nicht selbst hätte ausdenken können, bat ich ihn vor meinen Vorträgen ab und zu um Hilfe. Manchmal erzählte ich ihm, wo ich sein würde und vor welcher Gruppe von Menschen ich sprechen würde, und fragte ihn: »Hast du Lust, Jesus zu fragen, ob er diesen Leuten etwas Bestimmtes sagen will?« Immer wieder passte das, was ich vorbereitet hatte, erstaunlich gut zu dem, was er mir dann sagte.

An einem Sonntag hatte ich die Verantwortung, den Gottesdienst in unserer kleinen Gemeinde in Dortmund thematisch anzuleiten und bei Bedarf einige Gedanken mit der Gruppe zu teilen. Auch unsere Kinder waren bei den Treffen immer mit dabei, weshalb ich es auch hier nur passend fand, ein Kind in die Vorbereitung mithineinzunehmen. Das Wort »Glauben« war mir die ganze Zeit im Sinn gewesen und ich hatte mir ein paar Gedanken dazu gemacht, die ich teilen wollte. Ich erzählte meinem Sohn noch nichts von meinen thematischen Plänen und fragte ihn, ob Gott ihm irgendwas verraten wollte. »Zacharias«, rief er kurz, aber laut und deutlich aus, bevor er aus dem Schlafzimmer rannte, um zu sehen, warum sein Bruder ihn aus dem Kinderzimmer nebenan rief.

Zacharias war ein Priester in Jerusalem gewesen, der regelmäßig im Tempel diente. Er lebte zur gleichen Zeit wie Maria und Josef, die Eltern von Jesus, und war mit Elisabeth verheiratet. Die beiden wurden in hohem Alter trotz der Unfruchtbarkeit die Eltern von

Johannes dem Täufer. Zacharias hatte kurz vor der unerwarteten Schwangerschaft seiner Frau eine prägende Begegnung mit einem Engel gehabt. Er war während des Tempeldienstes aus seiner Gruppe von Priestern ausgelost worden, im Tempel auf dem Rauchopferaltar den Weihrauch anzuzünden.

Während er das tat, sah er einen Engel neben dem Altar. Der Engel versprach ihm, dass seine Frau schwanger werden würde, und gab ihm den Auftrag, das Kind nach der Geburt Johannes zu nennen. Dann prophezeite der Engel noch über dieses versprochene Kind, was durch sein Leben in den Menschen in Israel geschehen würde. »Wie ist so etwas möglich?«, war die Reaktion von Zacharias auf das, was der Engel ihm gesagt hatte. Zacharias wurde daraufhin stumm und konnte erst wieder sprechen, als Johannes acht Tage nach seiner Geburt beschnitten worden war und von seinen Eltern trotz Abraten aller Menschen um sie herum nicht den Namen des Vaters des Kindes, sondern den vom Engel beauftragten Namen Johannes bekam.

Ich sah sofort den Zusammenhang zwischen dieser Geschichte und meinen Gedanken zum Thema »Glauben«, doch eine Frage entstand in mir: Warum war Zacharias als Folge seiner zweifelnden Worte stumm geworden? Warum war er nicht krank geworden oder blind? Warum hatte Gott sich nicht umentschieden und ein anderes Paar als Eltern für Johannes ausgewählt? Warum war ausgerechnet das Verstummen die Reaktion Gottes auf Zacharias' Unglauben, mit der er jetzt fast ein Jahr lang leben musste?

Mein Sohn war schon lange wieder mit seiner selbst gebauten Welt aus Bauklötzen beschäftigt, und so fragte ich Gott selbst, was dahintersteckte. »In diesen neun Monaten war es besonders wichtig, dass keine Zweifel an dem, was ich tun werde, ausgesprochen werden, sondern Glaube wächst«, ging es mir plötzlich durch den Kopf. Glaube statt Zweifel – das war wohl auch Gottes Botschaft für den Gottesdienst, den ich mitgestalten sollte. Als Gemeinde befanden wir uns gerade in einer Zeit, über die Gott uns gesagt hatte, dass sie eine Zeit des Wurzelnschlagens sein sollte. Wurzeln sind das, was einer Pflanze Halt gibt und sie auf das Tragen von Früchten vorbereitet. Vor allem sind Wurzeln aber eines: Sie sind nicht sichtbar. Es braucht Glauben, sich darauf zu verlassen, dass Gott etwas tut, wenn äußerlich gerade keine sichtbaren Früchte wachsen. »Glaube ist die Währung des Himmels«, hörte ich einmal jemanden sagen. Glaube öffnet die Leitung, durch die Gottes Wirken zum Fließen kommt.

> Kinder helfen uns, die Kraft, die in dem Glauben steckt, dass Gott gegenwärtig ist und wirkt, in unserem Leben zu erkennen.

Glaube ist für Kinder oft so viel leichter zugänglich. So leicht sogar, dass der kindliche Glaube für uns Erwachsene häufig völlig naiv oder sogar lächerlich erscheint. Wenn Gott sagt, dass er nah ist, dann glauben Kinder, dass er jetzt hier ist. Wenn Gott sagt, dass wir ihn bitten können, dann glauben sie, dass er jedes unserer Worte hört. Als der Junge kurz vor der Speisung der Fünftausend hörte, dass Jesus Essen brauchte, um Tausende von Menschen satt zu machen, da nahm er Jesus beim Wort und gab ihm sein Essen.

Die Kraft, die in dem Glauben steckt, dass Gott gegenwärtig ist und wirkt, steht Kindern zur Verfügung. Kinder helfen uns, diese Kraft in unserem Leben zu erkennen.

KINDERMUND TUT FREIHEIT KUND

Als die Pharisäer im Tempel in Jerusalem wütend darüber werden, dass die Kinder tanzen und von Jesu Gegenwart inspiriert vom Sohn Davids singen, tut Jesus den Pharisäern nicht den Gefallen, sich von dem Lied der tanzenden Kinder zu distanzieren. Stattdessen zitiert er einen Psalm: »Kinder und Säuglinge hast du gelehrt, dich zu loben. Sie bringen deine Feinde zum Schweigen, die auf Rache aus waren« (Psalm 8,3). Dieser Satz lässt mich immer wieder neu hinterfragen, wie ich meine Kinder im Alltag als Mutter sehe. Außerdem werden meine Kriterien für wertvolle Gottesdienste und Kindergottesdienste ganz neu sortiert und genauso der Stellenwert, den Kinder in unserer Gesellschaft haben. Wenn die Geräusche aus dem Mund von Babys, die noch nicht einmal sprechen können, tatsächlich die Kraft haben, geistliche Feinde zum Schweigen zu bringen, dann frage ich mich: Was bedeutet das konkret?

Es gibt so viele »Feinde«, die mich und uns belasten – Gedankenkarussells, Hoffnungslosigkeit, Depression, Perspektivlosigkeit, Gedanken der Sorge und der Angst, Konfliktangst, Konfliktsucht, Neid, Habgier, Missgunst und vieles mehr – und für die wir göttliche Lösungen brauchen. Könnte es sein, dass die Lösungen für viele unserer inneren Feinde im lauten, quietschigen Mund unserer Kinder liegen? Ist es vielleicht gar kein Zufall, dass wir gerade durch die Geburt unserer Kinder ganz neue Ebenen alter Verletzungen und innerer Heilung finden? Denn Eltern zu werden, eröffnet bei vielen ganz tiefe Prozesse innerer Heilung, in denen eigene Glaubenssätze, die häufig in der eigenen Kindheit geprägt wurden, nun sichtbar an die Oberfläche kommen. In dieser Zeit des Elternwerdens scheint eine besondere Gnade da zu sein, inneren Frieden mit sich selbst zu finden.

Wenn die Laute von Babys und Kindern Lob Gottes sind, möchte ich diesen Lobpreis die vier Wände meines Zuhauses füllen lassen. Ich gebe zu, zumindest zeitweise. Als auditiv sehr sensibler Mensch freue ich mich auch jeden Tag sehr über Zeiten, in denen die Kindergeräusche herunterfahren. Wie viele Engel sie auch herbeirufen und wie viele Dämonen sie vertreiben mögen, mein

Kopf raucht auf Dauer bei zu vielen Geräuschen. Was ich zuletzt geschrieben habe, ist natürlich nicht so ganz ernst gemeint, aber ich will erklären, warum ich Kinderlärm hier erwähne.

So wichtig ich es finde, bei allen Erkenntnissen über die Perspektive Gottes auf Kinder neu zu denken und Gewohntes zu hinterfragen, geht es mir hierbei nicht darum, ein Richtig und ein Falsch in Bezug auf das, was wir bisher tun, zu benennen. Predigten mit stiller Zuhörerschaft und meditative Gebetszeiten dürfen ihren Platz haben, und Familiengottesdienste dürfen von Erwachsenen als Zeiten mit wenig theologischer Tiefe empfunden werden. Es geht mir vielmehr um unsere Wahrnehmung und Wertschätzung füreinander als Menschen. Wenn wir Kinder in unserem Glaubensleben hauptsächlich als störend empfinden, dann fehlen uns vielleicht ergänzende Formen, in denen Kinder mit ihren Stärken Platz haben dürfen. Formen, in denen kindliches Verhalten nicht stört. Momente des Glaubenslebens, in denen nicht absolute Ruhe und hochintellektuelle Sprache vorausgesetzt sind, um daran teilnehmen zu können. Orte, an denen die Freiheit, der Glaube und die Kreativität von Kindern erwünscht sind.

Das gilt für jeden Bereich unseres Lebens, auch für den Familienalltag. Als Erwachsene sind wir diejenigen, die einen Rahmen schaffen können, in dem die Gaben von Kindern Entfaltung finden können.

JANKO UND DIE BAUCHSCHMERZEN

An einem Spätsommertag klingelte es wie jeden Tag am späten Nachmittag an der Tür unseres kleinen Häuschens in der Nordstadt. Da die Räumlichkeiten unserer Kirchengemeinde sich in der gleichen Straße befanden wie unser Haus, waren wir auch während der Woche eine gern genutzte Anlaufstelle für unsere Nachbarn jeden Alters. Der eine kam für eine warme Dusche, weil er die Rechnung für Warmwasser nicht rechtzeitig bezahlt hatte. Ein anderer brachte uns jede Woche den Lohn seines Jobs als Hausmeister, weil er immer wieder von dubiosen Bekannten um sein Geld geprellt wurde. Der Nächste wusch seine Wäsche hin und wieder bei uns, weil seine Waschmaschine kaputtgegangen war und er sich keine neue leisten konnte.

In letzter Zeit standen um diese Uhrzeit meistens die beiden etwa neunjährigen Freunde Bobby und Janko vor der Tür. »Können wir?«, fragten sie mit dem Blick voller Tatendrang und ihren Füßen bereits in unserem Hausflur und gingen zu Recht davon aus, dass ich schon wusste, worauf sie hinauswollten. Sie fragten nach unserem Werkzeugkoffer.

Jeden Tag kamen sie mit ihren Fahrrädern vorbei, legten sie auf den Bürgersteig vor unserer Haustür und nutzten unsere Werkzeuge und Reifenpumpe, um ihre Räder wieder auf Vordermann zu bringen. Dass sie jeden Tag mit einem anderen Fahrrad ankamen, fiel mir erst nach ein paar Wochen auf. Als ich sie daraufhin bat, dass ihr Vater beim nächsten Mal dabei sein solle, wenn sie ihr Fahrrad mit unserem Werkzeug reparieren wollten, war ihre kleine unangemeldete Selbstständigkeit anscheinend schnell wieder beendet.

Das hinderte die beiden Freunde allerdings nicht daran, weiterhin immer mal wieder bei uns vorbeizuschauen. Diesmal hätten sie nicht klingeln müssen, da Martin bereits mit seinem Fahrrad vor der Tür stand, um mit Amos eine kleine Fahrradtour durch das Quartier zu machen. Die Jungs schlossen sich ihm dabei immer gerne an, und so fuhren sie zu viert ein paar Straßen weiter zu einem kleinen Spielplatz. Heute ging es Bobby allerdings nicht gut. Immer wieder hielt er sich den Bauch und schob sein Fahrrad lieber, als darauf zu fahren.

»Hast du Bauchschmerzen?«, fragte Martin ihn und bekam ein unglückliches Nicken zur Antwort. Diese Jungs waren nicht zimperlich und man wusste in solchen Fällen nie genau, ob ihre Beschwerden vielleicht ernster waren.

»Sollen wir dafür beten, dass Jesus die Schmerzen wegnimmt?«, fragte Martin ihn und wählte damit die beste Lösung, die ihm in solch einem Fall blieb. Zum Arzt gehen konnte er nicht mit diesem Kind, das nicht sein eigenes war, und ob Bobbys Eltern in Deutschland gemeldet waren und problemlos ärztliche Hilfe in Anspruch nehmen konnten, wussten wir auch nicht.

Wieder nickte Bobby.

Doch anstatt selbst zu beten, wandte Martin sich spontan an Janko. »Janko, leg mal deine Hand auf Bobbys Bauch. Du betest. Bitte Gott einfach, dass er Bobbys Schmerzen wegnimmt.«

Janko legte seine Hand auf Bobbys Bauch und betete ein kurzes Gebet. Bobby schaute erstaunt auf und begann zu lächeln. Die Schmerzen waren weg. Ihre Fahrradtour konnten sie nun alle auf ihren Fahrrädern, statt schiebend daneben, fortführen.

Als sie wieder vor unserer Tür standen und die beiden Jungen sich auf den Weg nach Hause machen wollten, schaute Martin sie noch mal an und sagte: »Jungs, wenn eure Eltern mal krank sind oder Schmerzen haben, dann könnt ihr auch für sie zu Gott beten. Er kann ihnen helfen.«

Da Janko derjenige war, durch dessen Hand Gott Bobby geheilt hatte, gingen die beiden voller Selbstvertrauen und Gottvertrauen wieder nach Hause.

WER BITTET, DEM WIRD WIRKLICH GEGEBEN

Die Kindheit ist eine Gnadenzeit, in der Gott unseren Kindern ohne selbstauferlegte Barrieren begegnen kann. Wir dürfen in der ersten Reihe sitzen und dies begleiten.

Gott sehnt sich sehr nach dieser Verbundenheit mit unserem Kind und auch mit uns. Er hat gute Gedanken über uns und will sie uns nicht vorenthalten. »Wer bittet, dem wird gegeben« ist nicht nur der Titel eines christlichen Lieds aus den 90ern, sondern eine Zusage von Jesus persönlich an uns.

Immer wieder werde ich gefragt, wie ich Kindern erkläre, dass Gott nicht jedes Gebet erhört. Meine Antwort ist vielen zu einfach: »Gar nicht.« Ich erkläre Kindern nicht, dass Gott Gebete nicht erhört. Es gibt keine biblische Aussage, die diese Theorie stützt. Im Gegenteil! In der Bibel steht, dass Gott jedes Anklopfen, jedes Fragen und jede Bitte hört und dass er antwortet. Er hat nie versprochen, immer genau das zu tun, worum wir bitten. Aber er hat versprochen, dass niemand, der seine Hände zu ihm ausstreckt, um sie gefüllt zu bekommen, mit leeren Händen nach Hause gehen wird: »Denn wer bittet, wird erhalten. Wer sucht, wird finden. Und die Tür wird jedem geöffnet, der anklopft« (Matthäus 7,8).

> Die Kindheit ist eine Gnadenzeit, in der Gott unseren Kindern ohne selbstauferlegte Barrieren begegnen kann.

Es ist dieser reine Glaube, dass das, was Gott sagt, stimmt, den wir uns an Kindern zum Vorbild nehmen dürfen. Ganz wichtig ist dabei, dass wir Kindern in Bezug auf Gott und das Gebet keine falschen Versprechen machen. Gott hält jedes seiner Versprechen. Die Frage ist, was hat er versprochen? Er hat nicht versprochen, dass im Leben von Christen alles leichter läuft. Er hat nicht versprochen, dass immer genau das passiert, was wir uns von ihm wünschen. Er hat versprochen, dass er uns jederzeit nah ist. Er hat versprochen, dass er uns aufmerksam zuhört, wenn wir zu ihm sprechen.

HIMMLISCH STARK

An vielen Stellen der Bibel können wir erkennen, wie Gott Kinder sieht, wie er sie ernst nimmt, indem er sie schon in jungem Alter beruft, ihnen Botschaften weitergibt und wie auch Jesus immer wieder deutlich macht, dass sie einen hohen Stellenwert in seinen Augen und in seiner Idee vom Leben im Reich Gottes haben. Kinder haben eine ernst zu nehmende geistliche Autorität. Das bedeutet, dass ihre Gebete Einfluss haben, weil Gott ihnen genauso zuhört wie uns Erwachsenen. Es bedeutet auch, dass Gott zu ihnen spricht und wir deshalb von ihnen lernen können, unabhängig von ihrer intellektuellen Reife.

Kommen wir noch einmal auf den Bericht von der Speisung der Fünftausend zurück. Er endet nicht damit, dass nach der Mahlzeit, bei der auf wundersame Weise alle Menschen satt geworden sind, zwölf Körbe mit Essensresten gefüllt werden. Die Geschichte endet damit, dass die Menschen Jesus als einen von Mose angekündigten Propheten erkennen und ihn zu ihrem König ausrufen wollen (5. Mose 18,15; Johannes 6,14-15). Der Beitrag eines Kindes im Reich Gottes führt dazu, dass Menschen Jesus zum König machen wollen. Anders gesagt: Der Beitrag eines Kindes in den Händen eines wertschätzenden Erwachsenen führt dazu, dass ein Teil der Menschenmenge Jesus als Gesalbten erkannte.

Der kindliche Glaube in seiner Reinheit und Klarheit wird von Gott gesehen und geschätzt. Kinder haben eine von Gott verliehene geistliche Autorität und Vollmacht, die der Vollmacht von Erwachsenen in nichts nachsteht. Immer wieder betonte Jesus, dass seine Botschaft des Reichs Gottes auch für Kinder ist. Entweder das, was Jesus da sagte, stimmt, oder es stimmt nicht. Wenn es stimmt, dann ändert dies unser Denken über Kinder von Grund auf.

> Ich versichere euch: Wer nicht wie ein Kind glaubt, wird nicht ins Reich Gottes kommen.
> *Lukas 18,17*

Tiefer gehen

Samuel 3,1: Gott spricht zum kleinen Samuel

Samuel 15: Samuel salbt David

Matthäus 14: Speisung der Fünftausend

Lukas 1: Zacharias

Psalm 8,3: Das Lob aus dem Mund von Säuglingen

Matthäus 7,7: Wer bittet, dem wird gegeben

Johannes 6,14-15: Menschen erkennen den König

5. Mose 18,15: Prophezeiung des Messias

Johannes 6,14-15: Kinder erkennen den König

Lukas 18,17: Gottes Reich ist auch für Kinder

5

Himmlisch hören

»LESEN LERNEN«

Der nervige Wocheneinkauf ist erledigt und ich sitze mit meinem Sohn draußen auf der kleinen Terrasse unseres Hauses in der Dortmunder Nordstadt. Amos ist drei Jahre alt und unser Baby Levi ein paar Monate. Auf dem kleinen Terrassentisch habe ich eine meiner Errungenschaften des Einkaufs platziert und rechne mit großer Begeisterung bei meinem älteren Sohn. Denn es ist nicht nur irgendein Schokoladenmilch-Getränk, das ich ihm präsentiere. Es ist ein Schokoladenmilch-Getränk, auf dem »Piraten-Drink« steht. Ich bin mir sicher, dass Amos sich darauf stürzen wird, wenn er das sieht. Doch wir sitzen nun bereits seit ein paar Minuten auf der Terrasse und es stürzt sich hier niemand auf irgendetwas. Das Getränk steht unberührt auf dem Tisch.

Ich hatte vorher nicht darüber nachgedacht, aber plötzlich verstehe ich, warum Amos nicht einmal einen Blick darauf wirft. Auf der Verpackung des Getränks ist außer dem Wort »Pirat« nichts, was Kinder ansprechen würde, und Amos kann noch nicht lesen. Er hat nie die einzelnen Buchstaben kennengelernt und auch nicht, welche Bedeutungen die Zusammensetzung verschiedener Buchstaben haben können. Solange ihm niemand die Buchstaben und dann das Lesen beibringt, kann er den Inhalt der Buchstabensammlungen in seinem Umfeld nicht erkennen.

In diesem Moment muss ich an all die versteckten Botschaften Gottes in unserem Alltag denken. Wie oft haben wir sein Reden schon verpasst, weil wir es nicht erkannt haben? Nicht nur sein überraschendes Reden ist in unserem Alltag für uns versteckt, sondern auch Gebetserhörungen und seine Antworten und Gedanken zu unseren Fragen sind da, wenn wir sie erkennen können. Dass wir Gottes Reden in unserem Leben zu erkennen lernen, ist nicht in erster Linie ein intellektueller Lernprozess, wie es beim tatsächlichen Lesenlernen der Fall ist.

Es gibt einige Wege, durch die Gott besonders häufig im Alltag zu Menschen spricht. Wir können lernen, dafür aufmerksam zu sein, um Gottes Reden für uns in unserem Alltag zu entdecken. Es handelt sich im Folgenden nicht um eine vollständige Liste, sondern um einige Gedankenanstöße, die sowohl für Erwachsene als auch für Kinder gelten. Was nutzt Gott also oft, um mit uns zu kommunizieren?

UNSERE GEDANKEN

> Lasst euch von Gott durch Veränderung eurer Denkweise in neue Menschen verwandeln.
> *Römer 12,2*

Beim Lesen des Neuen Testaments wird immer wieder deutlich, dass Gott sich mit unserem ganzen Sein verbinden möchte. Christus lebt in mir und ich bin in ihm (Galater 2,20; 1. Johannes 3,24). Das bedeutet theoretisch, dass es nicht mehr mein Ziel sein kann, Gott in irgendeinem Lebensbereich als getrennt von mir zu sehen.

Wenn es allerdings um unsere Gedanken geht, scheint es uns oft sehr schwerzufallen, diese Verbundenheit zu akzeptieren.

In meinen Einzelcoachings begleite ich meine Klienten bei Bedarf in ein von mir angeleitetes Gespräch mit Gott. Bei diesem angeleiteten Gespräch mit Gott mache ich den Klienten Vorschläge, was sie Gott fragen können, und dann warten wir auf eine Antwort. Das größte Hindernis, das mir hier immer wieder begegnet, ist das Misstrauen gegenüber den eigenen Gedanken. Dabei gibt es verschiedene Bibelstellen, die uns erklären, dass es Gottes Idee war, auch unser Denken zu erfüllen, sich damit zu verbinden und es zu erneuern. Es scheint biblisch gesehen unmöglich, mit Gott unterwegs zu sein, ohne dass es Einfluss auf unser Denken nimmt. »Lasst euch … einen neuen Geist und ein verändertes Denken geben«, lesen wir zum Beispiel im Epheserbrief (Epheser 4,23).

Gottes Reden hört sich oft erstaunlich unspektakulär an und ist immer wieder in unserem Denken und unserem Empfinden versteckt. Für Kinder ist das kein Problem. Sie trauen sowohl Gott zu, durch ihre Gedanken zu sprechen, als auch sich selbst, Gott in ihren eigenen Gedanken zu finden. Dieses Vertrauen führt zu einer solch gelassenen Haltung, dass sie ohne unsere Erklärungen manchmal nicht einmal wissen, dass das, was sie gerade wahrnehmen, Gottes Reden ist. Wir Erwachsenen haben dieses Grundvertrauen in unsere Verbindung zu Gott oft nicht mehr.

In allen Seminaren, die ich mit den unterschiedlichsten Gruppen von Erwachsenen zum Thema »Gottes Reden hören« bisher durchgeführt habe, tauchte eine Frage mit Abstand am häufigsten auf: »Woher weiß ich, dass etwas Gottes Reden war und nicht nur mein eigener Gedanke?« In dieser Frage steckt ein großes Misstrauen unseren eigenen Gedanken gegenüber. Doch die Erneuerung unseres Denkens durch Gott selbst führt dazu, dass es nicht mehr unser Ziel sein kann, unsere Gedanken von den Gedanken Gottes zu trennen.

Natürlich sind nicht alle unsere Gedanken nun mit den Gedanken Gottes zu vergleichen. Gott selbst drückt es Jesaja gegenüber so aus, als er darüber spricht, dass die Menschen sich von ihren eigenen Wegen abwenden sollen, um wieder ihm nachzufolgen.

> Hast du dich gegen Gott aufgelehnt? Bist du eigene Wege gegangen und eigenen Plänen gefolgt? Dann hör auf damit! Kehr deinem alten Leben den Rücken und komm zum Herrn! Er wird sich über dich erbarmen, denn unser Gott ist gern zum Vergeben bereit. Er sagt: »Meine Gedanken sind nicht eure Gedanken, und meine Wege sind nicht eure Wege. Denn wie der Himmel die Erde überragt, so sind auch meine Wege viel höher als eure Wege und meine Gedanken als eure Gedanken.«
> *Jesaja 55,7-8; HFA*

Gottes Gedanken sind höher als unsere Gedanken. Aber wenn wir unseren Weg mit Gott gemeinsam gehen und ihm unser Leben hingegeben haben, dann ist seine Idee die einer Verbundenheit. Wenn er unser Denken in seinem Sinn erneuert, wenn er in uns ist und wir in ihm, dann spricht er auch durch unsere Gedanken.

An den »Früchten« können wir erkennen, aus welchem Geist der Gedanke stammt.

Schon oft gab es Momente, in denen ich einen bestimmten Gedanken hatte, der mir ein Gebetsanliegen oder eine Frage beantwortete. Natürlich hätte ich rein theoretisch auch selbst auf diesen Gedanken kommen können. Dass genau dieser Gedanke mir aber genau in diesem Moment, in dem ich Gott danach fragte, in den Sinn kam, darf ich voller Vertrauen als Gottes Reden annehmen.

Ein Kriterium, auf das ich achte, wenn ich unsicher bin, ist die Frucht, die der Gedanke in mir hervorbringt. Weckt er in mir Hoffnung, Glauben oder Liebe? Wird mein Herz dadurch demütig? Spüre ich darin Gottes Güte und Gnade, auch wenn der Gedanke für mich vielleicht ermahnend ist? Oder erfüllt mich der Gedanke mit Stress, mit dem Gefühl, nicht genug getan zu haben, mit Sorge oder mit Scham? An den Früchten können wir erkennen, aus welchem Geist der Gedanke stammt.

UNSERE TRÄUME

Die Bibel berichtet von einigen Momenten, in denen Gott Geschichte schrieb, indem er in einem Traum zu Menschen sprach. Als Gott Maria, der zukünftigen Mutter Jesu, erklärt hatte, was er vorhat, begegnete der Engel des Herrn daraufhin Josef im Traum und erklärte auch ihm alles, was passiert war und was er tun sollte (Matthäus 1). Auch nach Jesu Geburt kam Gott noch einmal mit einer lebensrettenden Nachricht im Traum zu Josef. Hätte Josef diesen Traum nicht ernst genommen, hätte Jesus schon als Säugling ermordet werden können.

In der damaligen Kultur scheint es üblich gewesen zu sein, Träume als Medium für Gottes Reden ernst zu nehmen. Sowohl im Alten als auch im Neuen Testament gibt es dafür mehrere Beispiele, wie Josef im Alten Testament, der bereits im Jugendalter bedeutungsvolle Träume hatte. Dies ist in unserer Kultur heute anders. Nicht jeder Traum, an den wir uns erinnern, muss eine Botschaft von Gott höchstpersönlich sein. Auch unsere Seele kann Träume in uns bewirken, die mit dem zusammenhängen, was uns beschäftigt oder was wir erlebt haben. Doch manchmal wird man wach, erinnert sich genau an die Details des Traums und spürt, dass daran etwas wichtig war.

Ein Engel in Jonahs Traum

Amos war etwa fünf Jahre alt, als ich ihn wie jeden Abend in seinem Bett schlafen legte. Ich kuschelte ihn in seine Decke ein, wir sprachen noch kurz über den Tag und dann begann ich, für ihn zu beten. Ich hatte noch nie ein bestimmtes Gebet, das ich allabendlich wiederholte, sondern betete jeden Abend für etwas anderes, das mir in dem Moment in den Sinn kam.

Heute musste ich an Engel denken und daran, dass Gott den Menschen in der Bibel oft im Traum Botschaften durch Engel weitergegeben hatte. »Jesus, ich bete, dass du heute im Traum zu Amos sprichst oder er sehen kann, was ein Engel macht.« Ich erklärte ihm kurz, dass das in der Bibel häufiger passiert war.

Da unterbrach Amos mich und sagte: »Ich will auch mal, dass ein Engel in meinem Traum ist, so wie bei Jonah.« Jonah war einer seiner Freunde.

Wie immer, wenn mein Sohn in einem unerwarteten Moment und in unerwarteter Weise über geistliche Dinge redete, war ich sehr überrascht und versuchte gleichzeitig, es mir nicht allzu sehr anmerken zu lassen. »Hat Jonah dir erzählt, dass in seinem Traum ein Engel war?«

»Nein, ich weiß das einfach.«

Wenn in der Bibel ein Engel erschien, hatte dieser Engel in der Regel entweder einen Auftrag auszuführen oder eine Botschaft zu überbringen. Das erklärte ich Amos und fragte ihn, ob der Engel in Jonahs Traum einen bestimmten Auftrag hatte.

»Er ist da, um ihn zu beschützen«, antwortete er.

Beschützen war es also. Meine Überraschung legte sich und ich dachte, dass Amos sich selbst überlegt hatte, wofür der Engel wohl da war. Natürlich, um zu schützen – so, wie ein Kind sich das eben ausdenken würde. Trotzdem erzählte ich Jonahs Eltern davon. Ich schickte ihnen eine Sprachnachricht mit allem, was Amos mir erzählt hatte.

Ihre Antwort weckte das Gefühl der Überraschung wieder. Anscheinend hatte Jonah in letzter Zeit große Schwierigkeiten gehabt einzuschlafen, da er angsteinflößende Albträume hatte. Als Jonah hörte, dass ein Engel in seinem Traum ist mit dem Auftrag, ihn zu beschützen, schlief er an diesem Abend beruhigter ein und hatte in dieser Nacht zum ersten Mal seit Längerem keinen Albtraum mehr.

DIE BIBEL

Die Bibel ist ein größtenteils chronologisch geordnetes Geschichtsbuch über das, was Menschen Generation für Generation mit Gott erlebt haben. In diesem Buch können wir Gottes Wesen und Herz kennenlernen. Wir können die Kultur und Geschichte aus dieser Zeit an diesem Ort etwas kennenlernen und auch das Denken der Menschen verstehen. Die Bibel ist aber nicht nur irgendein Geschichtsbuch. Dieses Geschichtsbuch ist von Gott inspiriert und ist deshalb ein Medium, durch das Gott zu uns sprechen kann.

Die Bibel ist von Gott inspiriert und ist deshalb ein Medium, durch das Gott zu uns sprechen kann.

Das habe ich schon häufig bei mir selbst erlebt oder bei anderen beobachtet.

Steven und die Bibel

Als wir in der Dortmunder Nordstadt wohnten, veranstalteten wir einige Jahre lang jeden Sonntag Gottesdienste in unseren Räumlichkeiten in der Brunnenstraße. Jeden Sonntag gab es eine Stunde vor dem Gottesdienst ein offenes Frühstück, zu dem viele unserer Nachbarn aus der Nordstadt sehr gerne kamen.

Da war zum Beispiel Uwe[3]. Er war in seinem Leben bereits mehrmals im Gefängnis gewesen, einmal sogar wegen Mordes. Jeden Sonntag kam der ältere, liebenswerte Mann zu unseren Gottesdiensten und jeden Montag klingelte er bei mir an der Tür, um mir Blumen vorbeizubringen, die er bei der Essensausgabe der Stadt kostenlos mitnehmen durfte. Manchmal blieb er auch zum Kaffee. Bei einem Abend des Gebets in unserem Wohnzimmer erzählte er einmal, dass sein Jähzorn ihn inzwischen sicher schon wieder ins Gefängnis gebracht hätte, wenn er unsere Gemeinschaft nicht hätte.

Auch Heidi[4] kam jeden Sonntag zum Frühstück und blieb anschließend zum Gottesdienst. Irgendwann fragte sich mich, ob ich ihr die Haare schneiden könnte. Heidi hatte große Schwierigkeiten, ihre Körperpflege selbstständig im Blick zu haben, und so fiel es mir sehr schwer, ihr diesen Gefallen zu tun. Sie würde in meinem Badezimmer sitzen, ich würde ihr mit meinem Kamm die Haare kämmen und mit meiner Schere die Haare schneiden. Heidis Duft war in einem geschlossenen kleinen Raum wie einem Badezimmer für empfindliche Nasen wie meine nur schwer auszuhalten. Hinzu kam, dass ich schwanger war und mein Geruchssinn zu dieser Zeit noch schärfer war. Zwei Mal hatte ich ihr inzwischen bereits abgesagt, doch sie ließ nicht locker. Als ich eines Abends mit aufgeschlagener Bibel auf dem Sofa unseres Wohnzimmers saß, ging von selbst das Lied »Humble King« von Brenton Brown in meiner Playlist an. Ich schaute auf und lauschte konzentriert dem Text des Chorus.

You are the God of the broken
The friend of the weak
You wash the feet of the weary
Embrace the ones in need

I want to be like you Jesus
To have this heart in me
You are the God of the humble
You are the humble king[5]

Du bist der Gott der Zerbrochnen,
den Schwachen ein Freund.
Du wäschst dem Müden die Füße,
umarmst jeden, der weint.

Ich will so sein wie du, Jesus,
will deinen Herzschlag spürn.
Du bist der Gott aller Demut,
der demütige Herr.[6]

Das Lied erinnerte mich daran: Jesus würde Heidi nicht nur die Haare schneiden. Er würde ihr die Füße waschen, wie er das bei seinen Jüngern getan hatte (Johannes 13). Das war noch schlimmer als Haareschneiden! Er würde ihr die halb kaputten Schuhe und Socken ausziehen, ihre Füße in die Wanne stellen und sie mit Seife einreiben. Wenn Jesus das tun konnte, dann konnte ich es schaffen, ihr die Haare zu schneiden. Am nächsten Tag begegnete ich Heidi auf der Straße und lud sie für den Nachmittag ein, zum Haareschneiden bei mir zu Hause vorbeizukommen. Sie kam, ich wusch ihr kopfüber über meiner Badewanne die Haare mit Wasser und Shampoo, welches nach dem Abwaschen an ihrem Hals eine

Grenze zwischen sauberer und dreckiger Haut sichtbar werden ließ, und schnitt ihr die Haare zu einem schulterlangen Haarschnitt. Mit leuchtenden Augen und voller Stolz schaute sie in den Spiegel und verließ nach einem Kaffee unser Haus.

An einem Sonntag war Steven[7] beim Gemeinde-Frühstück. Steven war ein sehr intelligenter und interessierter Mann unter 30, der liebend gern über Gott und die Welt philosophierte. Steven hatte einige Jahre zuvor zur gleichen Zeit wie eine Freundin von mir das Studium zur sozialen Arbeit begonnen, hatte es inzwischen allerdings abgebrochen, nachdem er aufgrund von Zwängen und verschiedenen negativen spirituellen Einflüssen immer mehr in eine innere Gefangenschaft geraten war. Auch wenn sein Verhalten und sein Auftreten von seinen Zwangsstörungen geprägt waren, konnte man sich dennoch weiterhin auf einem hohen intellektuellen Niveau mit Steven über sehr interessante und tiefe Themen unterhalten. Der Glaube an Jesus war nichts, an das er sich binden wollte, doch Gespräche darüber führte er sehr gerne. So war er an einem Sonntag wieder sowohl zum Frühstück als auch zum anschließenden Gottesdienst da und blieb auch danach noch etwas länger mit uns dort.

Eine Freundin von mir und ich unterhielten uns gerade mit ihm und hörten uns seine durchdachten Theorien über Gott und die Bibel an. Dann forderte meine Freundin ihn plötzlich heraus: »Wenn du das nächste Mal die Bibel liest, dann bitte vorher den Heiligen Geist darum, dass er dir erklärt, was damit gemeint ist.«

Neugierig, wie Steven war, fand er die Idee nicht schlecht. Ein paar Sonntage später trafen wir ihn wieder und fragten ihn, ob er die Challenge umgesetzt hatte.

»Ja, er hat auch was gesagt«, antwortete er überraschend unaufgeregt.

Steven hatte im Alten Testament von einer Begebenheit gelesen, in der Tausende Menschen im Krieg gestorben waren. Daraufhin hatte er Gott gefragt, warum er denn immer so viele Menschen töten müsse. Die Antwort, die er bekam, gefiel ihm zwar nicht, weil sie nicht zu seinen Theorien und seiner Glaubensskepsis passte, doch für uns machte es sie umso glaubhafter.

»Ich habe noch nie einen einzigen Menschen umgebracht«, war Gottes Antwort an Steven.

Als echtes Kind der Brüdergemeinden ging ich in meinem Kopf sofort die mir bekannten Bibelstellen durch, um diese Aussage auf ihre theologische Korrektheit zu prüfen. Ich weiß bis heute nicht, ob sie zutreffend ist. Ich weiß nur, dass dieser Mann, der kein Interesse daran hatte, Gott gut dastehen zu lassen, von Gottes Güte überführt worden war.

UNSERE GEFÜHLE

Gott spricht zu uns durch unsere Gefühle. Dieser Punkt mag für manche noch schwieriger anzunehmen sein als der Punkt, dass Gott durch unsere Gedanken spricht. Unsere Gefühle scheinen zu labile Lebensbegleiter zu sein, die uns ziellos umhertreiben, die unstet und unzuverlässig sind. Dabei sehen wir auch in der Bibel, dass Gott selbst sich immer wieder von seinen Gefühlen leiten lässt, Menschen zu begegnen und sich ihnen als gnädig zu erweisen.

Bereits im Alten Testament erklärt Gott immer wieder die Beweggründe, die ihn zum Eingreifen in das Leben von Menschen ermutigt haben. »Da konnte er ihre Not nicht länger ertragen«, lesen wir zum Beispiel (Richter 10,16). Gott sieht das Volk Israel in seiner selbst verschuldeten Not und kann ihr Elend nicht länger ertragen.

Im Neuen Testament finden wir ähnliche Beispiele. Einmal ist Jesus mit seinen Jüngern unterwegs und fordert sie auf, mit ihm gemeinsam an einen einsamen Ort zu gehen, um sich auszuruhen. Viele Menschen suchten ihn ständig auf, und seine Jünger und er kamen nicht einmal dazu, etwas zu essen.

> So fuhren sie mit dem Boot an einen ruhigeren Ort. Aber die Leute bemerkten ihre Abfahrt. Da liefen sie aus den umliegenden Städten am Ufer entlang voraus und waren bereits da, als sie anlegten. Als Jesus aus dem Boot stieg, erwartete ihn eine riesige Menschenmenge. Er hatte Mitleid mit ihnen, denn sie waren wie Schafe ohne Hirten. Deshalb nahm er sich Zeit, sie vieles zu lehren.
> *Markus 6,32-34*

Mitleid ist das Gefühl, von dem Jesus sich nicht nur in dieser Situation dazu leiten lässt, seinen an sich sinnvollen Plan zu ändern. (Das, was auf diesen Moment folgt, ist übrigens das große Wunder der Speisung der Fünftausend.) In Johannes 5 sagt Jesus zu einigen aufgebrachten, führenden Juden, dass er nur das tut, was er den Vater tun sieht. Wenn Jesus also aufgrund von Mitgefühl seine Pläne ändert, bedeutet das, dass das Gefühl von Mitleid auch für uns ein Anzeichen dafür sein kann, was auf dem Herzen des Vaters ist.

Dabei ist es wichtig, zwischen Mitgefühl und einem schlechten Gewissen zu unterscheiden. Die Welt ist voller Leid und voller Menschen, die in Not sind. Selbst Jesus hat nicht alles Leid der Welt beendet, während er als Mensch auf der Welt war. Dort, wo er war, hat er sich von Gott leiten lassen, welchem Menschen er begegnen soll. Dasselbe gilt auch für uns. Unser schlechtes Gewissen wegen allem, was wir noch gegen das Leid der Welt tun könnten, ist meist nicht in Liebe, sondern in Angst gegründet. Mitgefühl hingegen lässt uns nicht nur das Übermaß an Leid, sondern den einzelnen Menschen sehen, dem wir eins zu eins begegnen können:

> Sind andere Menschen glücklich, dann freut euch mit ihnen. Sind sie traurig, dann begleitet sie in ihrem Kummer.
> *Römer 12,15*

UNSERE GEBETE

»Was soll ich für dich tun?«

Unser Gebet ist unser Gespräch mit Gott. Es umfasst alles, was wir Gott mitteilen, und alles, was er zu uns sagt. Wenn wir an unsere Gebete denken, dann denken wir meist zuerst, dass es dabei darum geht, Gott unsere Anliegen mitzuteilen und auf sein Eingreifen oder Wirken zu hoffen. Das ist ein wichtiger Kernaspekt des Gebets. Wir glauben zwar, dass Gott alles weiß, aber viele Begegnungen, die Jesus mit Menschen hatte, zeigen uns, dass es ihn interessiert hat, unsere Wünsche und Bitten aus unserem Mund zu hören.

> Kurz vor Jericho saß ein blinder Bettler am Wegrand. Er hörte die große Menschenmenge vorüberziehen und fragte, was da los sei. Man sagte ihm, dass Jesus von Nazareth vorübergehe. Da fing er an zu rufen: »Jesus, Sohn Davids, hab Mitleid mit mir!« Die Leute, die vor Jesus gingen, versuchten den Mann zum Schweigen zu bringen, aber er schrie nur noch lauter: »Sohn Davids, hab Mitleid mit mir!« Als Jesus ihn hörte, blieb er stehen und befahl, den Mann zu ihm zu bringen. Als er sich ihm näherte, fragte er ihn: »Was soll ich für dich tun?«
> *Lukas 18,35-41*

Wenn man die Geschichte liest, scheint es offensichtlich zu sein, was der Blinde von Jesus möchte. Dennoch fragt Jesus nach und führt erst ein Gespräch mit dem blinden Mann. Jesus löst nicht, wie auf einer To-do-Liste, einfach ein Problem nach dem anderen. Er hat Begegnungen mit Menschen und möchte von ihnen hören, was sie von ihm brauchen.

Augenöffner

Das Gebet informiert interessanterweise nicht nur Gott über unsere Anliegen. Unsere Gebete öffnen auch uns selbst die Augen. Sie öffnen uns die Augen dafür, was wir Gott zutrauen, wie viel Hoffnung und auch wie viel Sehnsucht wir haben.

Als unsere Tochter als Frühgeborenes im Krankenhaus lag, gab es einen Morgen, an dem ich im Auto auf dem Weg ins Krankenhaus zu Gott betete: »Gib mir heute irgendeine Ermutigung dafür, dass wir die Gunst der Ärzte haben.« Wer schon einmal im Krankenhaus behandelt werden musste, weiß, wie essenziell es ist, von Ärzten und Pflegepersonal ernst genommen zu werden. Diese Gunst ist meiner Erfahrung nach besonders dann schwer zu erhalten, wenn man nicht selbst als Patient, sondern zur Versorgung seiner Kinder in der Klinik ist.

Bekommt das Personal erst einmal das Gefühl, man sei von der Sorte Helikopter-Eltern oder mische sich zu sehr in die Diagnose und Versorgung ein, ist es mit der Gunst schnell vorbei. So fühlt es sich zumindest an. Dann wird man mit seinen Sorgen und Gedanken nicht mehr vollkommen ernst genommen. All das lässt mich als Mutter immer recht angespannt sein, während ich versuche, nichts zu sagen, was den Ärzten missfallen könnte. Ich möchte keinen Ärzten und keinem Pflegepersonal unrecht tun, doch zu dieser Zeit begleitete mich dieses Gefühl täglich.

So fuhr ich an diesem Morgen ins Krankenhaus und machte mir Gedanken darüber, wie es weitergehen würde. Phox war nun schon seit etwa fünf Wochen dort und so langsam stellte sich die Frage, ob bestimmte Schritte hilfreich wären, um die Entlassung aus dem Krankenhaus zu beschleunigen. Als ich dann im Krankenhaus war, kam wenig später die behandelnde Ärztin ins Zimmer. Ich fragte vorsichtig nach und es entstand ein wertschätzendes Gespräch, in dem sie mir verständnisvoll erklärte, welche Schritte noch nötig waren, damit Phox das Krankenhaus verlassen konnte. Ich konnte meine Fragen mit ihr teilen und sie ließ sich auf einen Vorschlag meinerseits ein, der die Entlassung möglicherweise um ein paar Tage beschleunigen könnte.

Obwohl die Ärzte immer versuchten, sich sehr bedeckt zu halten, was Prognosen zum potenziellen Zeitpunkt der Entlassung betraf, ging ich aus diesem Gespräch mit einem Fünkchen Hoffnung heraus. Vor allem aber sah ich darin die Erhörung meines Gebets am Morgen. Ich hatte Gott um ein Zeichen von Gunst gebeten und hatte es in diesem Gespräch gefunden. Hätte ich am Morgen nicht gebetet, hätte ich vermutlich trotzdem dieses Gespräch gehabt, aber darin nicht eine Antwort erkannt.

Unsere Gebete öffnen uns die Augen für Gottes Reden und Wirken.

So simpel es klingen mag – unsere Gebete öffnen uns die Augen für Gottes Reden und Wirken. Plötzlich fangen wir an, in alltäglichen »Zufällen« einen Zusammenhang zwischen unseren Gebeten und Gottes Antwort zu sehen. Nicht jeder Zufall ist das Reden Gottes. Gott scheint jedoch immer wieder gerne Zufälle zu gebrauchen, um zu uns zu sprechen. Das Gebet hilft uns, dieses versteckte Reden Gottes in unserem Alltag als Folge unserer Gebete zu entdecken.

Wo ist Levis Schnuller?

Levi war erst ein paar Monate alt und sehr auf seinen Schnuller fixiert. An einem Abend war Martin mit seinen Freunden beim Fußballspielen und ich mit den Kindern allein zu Hause. Beide Kinder hatten gegessen, die Zähne geputzt und waren nun bereit, schlafen zu gehen. So fing ich an, nach dem nahezu heiligen Schnuller zu suchen. Doch der Schnuller wollte einfach nicht auftauchen. Überall hatte ich in unserem Häuschen mit seinen drei Etagen bereits gesucht. In jedem Zimmer, unter jeder Decke, unter jedem Kissen. Levis Laune begann vor Müdigkeit bereits zu sinken und mein Stresslevel stieg.

»Jesus weiß ja, wo der Schnuller ist. Sollen wir ihn mal fragen, ob er uns helfen kann?«, sagte ich zu Amos, der mir beim Suchen geholfen hatte.

Er betete leise vor sich hin, wartete einen Moment und forderte mich dann auf, nach oben ins Kinderzimmer zu gehen. »Im Kinderzimmer unterm Bett muss er sein«, sagte er und ging vor mir her die steile Treppe unseres kleinen 100-Quadratmeter-Hauses hoch in die mittlere Etage, in der das Kinderzimmer und unser Schlafzimmer direkt nebeneinanderlagen. Er lief in sein Zimmer und legte sich vor seinem Bett flach auf den Boden, um nach dem Schnuller zu schauen.

Doch es war kein Schnuller da. Mit fragendem Blick stand Amos wieder auf, redete scheinbar noch einmal kurz mit Jesus und hob dann wie erleuchtet seinen Finger: »Ah, ich hab mich vertan. Nicht unterm Bett im Kinderzimmer, sondern unterm Kinderbett im Schlafzimmer.«

Wir gingen in unser Schlafzimmer und er krabbelte zielstrebig unter das Beistellbett, das an unserem Ehebett befestigt war. Mit dem Schnuller in der Hand kam er wieder unter dem Bett hervor und war sichtlich froh, das Problem des schreienden Bruders nun endlich gelöst zu haben.

Amos hatte erlebt, dass Gott unsere kleinsten Gebete hört und darauf antwortet. Er hatte auch erlebt, dass Gott durch unsere Wahrnehmung spricht und wir dennoch immer mehr lernen können, sie richtig einzuordnen. Unser Blick wird mit der Zeit und mit Erfahrung immer schärfer.

VERTRAUENSVOLLE OFFENHEIT

Wie in diesem Kapitel beschrieben, können wir praktische Dinge tun, um in Übung zu kommen, Gottes Reden und Wirken im Alltag mehr wahrzunehmen. Das ist das »Lesenlernen« wie bei Amos und dem Schokoladenmilch-Getränk. Es hilft uns, Gottes Reden immer besser zu erkennen, unseren Blick zu schärfen und so wie bei der Suche nach Levis Schnuller genau herauszufinden, wie Gott zu uns spricht.

Darüber hinaus gibt es aber noch eine andere Ebene, auf der wir Gottes Wirken sichtbar werden lassen können. Wir können eine Atmosphäre schaffen, in der Gottes Wirken für uns spürbar wird. Diese Atmosphäre wird durch Vertrauen und durch Hingabe geschaffen.

Ein hingegebenes Herz

»Der Herr ist unser Gott, der Herr allein. Ihr sollt ihn von ganzem Herzen lieben, mit ganzer Hingabe, mit all eurer Kraft« (5. Mose 6,4-5; HFA). Unsere Hingabe an Gott gibt ihm die Erlaubnis, in uns und durch uns zu wirken. Hingabe an Gott gibt es aber nicht, ohne dass wir ihm vertrauen. Nur wenn ich glaube, dass er es gut mit mir meint, dass er souverän ist und mich kennt, sieht und liebt, nur dann werde ich ihm mein Leben anvertrauen wollen. Oft sind wir Menschen erst einmal misstrauisch, vielleicht aufgrund von schlechten Erfahrungen. Wir gewinnen aber Vertrauen, wenn wir Gott erleben und ihn kennenlernen, wie er ist. Nur das theoretische Wissen über ihn wird dafür nicht genügen. So wie die Bibel ein Bericht nach dem anderen von dem ist, was andere Menschen mit Gott erlebt haben, so möchte Gott auch in unseren Alltag kommen und sich uns als vertrauenswürdig zeigen.

Für mich haben sich viele theologische Diskussionen erübrigt, seit ich die Begegnung mit Gott und sein Reden bewusst erlebe. Ich habe zum Beispiel schon häufiger Diskussionen zwischen Christen mitbekommen, die anhand bestimmter Bibelverse darüber stritten, ob nun Gottes Allmacht und Souveränität oder ob seine Gnade und Liebe wichtig seien. In den Momenten in meinem Leben, als Gott zu mir persönlich sprach, war ich von einer Feststellung jedes Mal ganz besonders berührt: Ich war überwältigt davon, wie nah und wie gnädig und wie liebevoll dieser große, allmächtige Gott, der alles erschaffen hatte, mir kleinem Menschen war. Plötzlich versuchten diese augenscheinlich gegensätzlichen Eigenschaften Gottes nicht mehr, sich die Waage zu halten, sondern jetzt lagen sie in derselben Waagschale.

Um Gott zu vertrauen und mich ihm daraufhin mit allem, was ich bin, hinzugeben, brauche ich das Kennen von und nicht nur das Wissen über Gott.

Das ist für mich der Unterschied zwischen dem Wissen über Gott und dem Kennen von Gott. Um Gott zu vertrauen und mich ihm daraufhin mit allem, was ich bin, hinzugeben, brauche ich das Kennen und nicht nur das Wissen.

Das wurde mir nach der Geburt unserer Tochter besonders bewusst. Einige Monate nachdem sie aus dem Krankenhaus entlassen worden war, fragte mich jemand, was dieses ganze Erlebnis mit meiner Beziehung zu Gott gemacht habe. Die Frage deutete darauf hin, dass diese schmerzhafte Erfahrung mich von Gott entfernt haben könnte. Meine Antwort kam aus tiefstem Herzen und machte auch mir selbst deutlich, dass Gott für mich in all den Jahren viel mehr als nur ein theoretisches, religiöses Konzept geworden war. »Gott war in alldem mein wichtigster Begleiter. Gerade in dieser Zeit war ich froh, ihn als Partner, Tröster und Friedensbringer an meiner Seite zu haben. Wie hätte ich mich von ihm abwenden können, wenn er mir so nah war?«

> Vertraue von ganzem Herzen auf den Herrn und verlass dich nicht auf deinen Verstand. Denke an ihn, was immer du tust, dann wird er dir den richtigen Weg zeigen.
> *Sprüche 3,5-6*

»Ich war noch nie enttäuscht von dir«

»Der Herr behält die ganze Erde im Auge, damit er denen beistehen kann, die ihm mit ungeteiltem Herzen vertrauen« (2. Chronik 16,9; GNB). Er verfolgte meine Freundin Maria, dieser Bibelvers. Die ganze Erde sucht Gott ab, um nur einen Menschen zu finden, der ihm vertraut. Immer wieder begegnete Maria der Vers und gab ihr das Gefühl, nicht zu genügen. Denn das mit dem Vertrauen war für sie gar nicht so leicht. Zu viele Dinge waren in ihrem Leben geschehen, die immer wieder genau das angegriffen hatten: ihr Vertrauen. Sie hatte Menschen und ihrem Rat vertraut und war getäuscht worden. Sie hatte auf Gott vertraut, dass er ihr Gebet erhören würde, und es war nicht geschehen. Sie liebte Gott von ganzem Herzen. Nur das mit dem Vertrauen, das schien zu schwer zu sein. Gottes Blick konnte offensichtlich beim Absuchen der Erde leider nicht auf sie fallen, da war sie sich recht sicher.

Einen Teil ihrer Geschichte kannte ich, aber nicht die ganze. Noch wusste ich nicht, dass Vertrauen in Gott ihr wunder Punkt war. Doch eines Vormittags saß ich in meinem Wohnzimmer und schaute aus dem Fenster meines Nordstadt-Häuschens hinaus auf das bunte Treiben. Ich sah die Kinder, die zum Kiosk liefen, um sich eine Tüte Yum-Yum-Nudeln zu kaufen und sie trocken aus der Tüte zu snacken. Ich sah die rumänischen Männer, die seit ein paar Wochen auf den Parkplätzen an der Straße ein Auto nach dem anderen reparierten und dabei immer wieder ihre Motoren aufheulen ließen.

Ich sah hoch zum Himmel, der wie in jedem Teil der Innenstadt durch die mehrstöckigen Häuser nur zu sehen war, wenn man den Blick voll nach oben richtete. Und plötzlich sah ich noch etwas anderes: »Ich war noch nie enttäuscht von dir« – dieser Satz erschien plötzlich vor meinem geistigen Auge, als ob er klar und deutlich in den Himmel geschrieben wäre. Ich wusste auch, für wen er war: für Maria. Während er mir in den Sinn gekommen war, musste ich sofort an sie denken und wusste, dass Gott zu ihr sprechen wollte. Noch nie hatte Gott gedacht: »Heute hat sie es schon wieder nicht geschafft.« Noch nie fand er, dass ihre Bemühungen, ihm zu vertrauen, nicht gereicht hatten.

Gott war noch nie enttäuscht von ihr. Und er verurteilt auch uns nicht, wenn es uns zu schwierig erscheint, ihm von ganzem Herzen zu vertrauen.

Vertrauen in Gott stärken

Unser Vertrauen in Gott ist schon immer leicht angreifbar gewesen. Das, was die Schlange im Garten Eden in Evas Herz säte, war Misstrauen in Gottes Güte. »Hat Gott tatsächlich gesagt …? Will er euch nicht nur etwas vorenthalten? Meint er es wirklich gut mit euch?« Eva kannte Gott als treuen und guten Versorger, doch jetzt hinterfragte sie Gottes Absichten. Die Folge davon war, dass Gott sie, um sie vor sich selbst zu schützen, aus dem Garten Eden ausschloss. Das Misstrauen verhinderte von jetzt an also die leichte Verbindung zu Gott.

Doch Gott kommt den Menschen entgegen: An vielen Berichten der Bibel können wir erkennen, dass er sich dem Menschen immer wieder als vertrauenswürdig erweist, bevor er Vertrauen und Hingabe verlangt. Immer wieder fordert er zum Beispiel das Volk Israel auf, sich an alles zu erinnern, was er, der Herr, bereits für sie getan hat. Darin liegt ein wichtiger Schlüssel für unser Vertrauen in Gott. Wenn wir beginnen zu vergessen, was Gott in unserem Leben bereits getan hat, ist der Boden fruchtbar für Zweifel an seiner Güte und seiner Präsenz.

> Nehmt euch jedoch in Acht! Vergesst niemals, was der Herr für euch getan hat. An diese Dinge sollt ihr euch erinnern, solange ihr lebt, und ihr sollt euren Kindern und Enkeln davon erzählen.
> *5. Mose 4,9*

Kindern fällt das Vertrauen in Gott häufig leicht. Sie hören von uns Erwachsenen, wie Gott ist, und verlassen sich, gerade in jungem Alter, blind darauf, dass es stimmt.

Vertrauen in uns selbst zulassen

Ihr seid das Licht der Welt – wie eine Stadt auf einem Berg, die in der Nacht hell erstrahlt, damit alle es sehen können. Niemand versteckt ein Licht unter einem umgestülpten Gefäß. Er stellt es vielmehr auf einen Lampenständer und lässt es für alle leuchten. Genauso lasst eure guten Taten leuchten vor den Menschen, damit alle sie sehen können und euren Vater im Himmel dafür rühmen.
Matthäus 5,14-15

Für eine leichte Verbindung zu Gott und zu dem, was er zu uns sagen möchte, braucht es nicht nur Vertrauen in ihn. Es braucht auch das Vertrauen, dass er in uns ist und durch uns wirken kann und möchte. Falsche Demut, nämlich die, in der wir schlecht von uns denken und meinen, das sei bescheiden und demütig, begrenzt Gottes Möglichkeiten, durch uns zu anderen zu sprechen und zu wirken. Auch darin können Kinder uns ein Vorbild sein. Sie sind oft losgelöst von Bescheidenheit und Stolz, in einer Klarheit darüber, worin sie gut sind, ohne sich dafür zu schämen.

Gott lädt uns ein, in diesen Raum des Vertrauens zu treten. Da ist keine Angst. Da dürfen Fragen und Zweifel sein, die auch geäußert werden dürfen. Da ist keine Angst, Fehler zu machen, weil wir keine Angst vor Bestrafung haben müssen. Unsere Kinder sind häufig schon dort, in diesem Raum des Vertrauens.

Wenn man Gottes Reden hört, dann ist es das Beste für einen, das zu machen, aber man muss es nicht machen. Gott ist nicht sauer, wenn man es nicht direkt macht.
Amos, 6 Jahre alt

Tiefer gehen

Römer 12,2; Epheser 4,23: Ein neues Denken

Jesaja 55,7-9: Gottes Gedanken sind höher als unsere

Matthäus 7,16: Achte auf die Früchte

Matthäus 1: Josef träumt

Johannes 13: Jesus wäscht seinen Jüngern die Füße

Richter 10,16: Gott fühlt

Matthäus 6,32-34: Jesus hat Mitleid

Johannes 5: Der Vater weckt Mitgefühl in uns

Römer 12,15: Fühlt miteinander mit

Lukas 18,35-41: Jesus und der Blinde

5. Mose 6,4-5: Ein hingegebenes Leben

Sprüche 3,5-6: Vertrauen in Gott

2. Chronik 16,9: Gott sucht Menschen, die ihm vertrauen

1. Mose 3: Eva und die Schlange

5. Mose 4,9: Vergesst nicht, was Gott für euch getan hat

Matthäus 5,14-15: Ihr seid das Licht der Welt

6

Himmlisch begleiten

GEMEINSAM GOTTES WIRKEN ERKENNEN

Das Lego meines Sohnes

Da ist sie also wieder, die allabendliche Angst. Schon in den ersten Lebensjahren wurde sie zum regelmäßigen Begleiter unseres Sohnes und half ihm gezwungenermaßen immer wieder dabei, geistliche Waffen unseres Glaubens im Alltag als wirksam kennenzulernen. Doch nun ist er in der Grundschule, und so langsam könnten wir uns alle gut damit anfreunden, diese Angst nicht mehr täglich in unserer Mitte begrüßen zu müssen. Wieder ist es Abend und wieder lege ich ihn mit Liedern, Gebeten und proklamierter biblischer Wahrheit schlafen, in der Hoffnung, dass diese Strategien für heute genügen, um ihn in Frieden in seinem Zimmer einschlafen zu lassen.

Doch heute scheint nichts davon zu funktionieren. Ich frage mich, woher die Angst kommt, und schlage meinem Sohn vor, Jesus zu fragen, ob es einen konkreten Ursprung für die seit ein paar Wochen wieder präsente Angst gibt. Während er aus dem Fenster schaut und die Frage in Richtung Himmel vor sich hin murmelt, wird sein Blick ernster.

»Hat Jesus etwas gesagt?«, frage ich gespannt.

Mit großer Klarheit und einem kleinen Schrecken im Gesicht schaut er mich an und antwortet: »Ja.«

Sein Blick wandert zu den drei übereinandermontierten offenen Regalen in seinem Zimmer. Sie sind vollbepackt mit Legosteinen aller Art. Während auf dem unteren Regal die weißen Kisten stehen, in denen alle unverbauten Teile nach Farben sortiert sind, stehen auf den oberen Regalen die aufgebauten Fahrzeuge und Welten. Mit leichter Bestürzung wandert sein Blick zurück zu mir und gibt mir die Antwort, die ihn vor eine nächste, viel schwierigere Frage stellen wird: »Ich weiß jetzt, woher die Angst kommt. Die kommt von meinem Lego Ninjago.«

In den vergangenen zwei Jahren gab es für Amos in seiner Freizeit vor allem ein Thema, für das er sein ganzes Taschengeld ausgegeben hat: Lego Ninjago. Auch die meisten Weihnachts- und Geburtstagsgeschenke versorgten ihn mit immer mehr Bauteilen rund um diese Welt. Eine Welt von fünf Personen mit jeweils einer Superkraft, die Schlangen, Dämonen und böse Menschen bekämpfen. Eine Welt, deren Relevanz für ihn nicht nur in seinem Zimmer und seinem finanziellen Investment der letzten Jahre sichtbar wird, sondern die auch für seine Freunde eine große Rolle spielt. Auf dem Schulhof werden die dazugehörigen Karten getauscht und jeder prahlt mit den Fähigkeiten, die die neu erlangten Fahrzeuge und Personen besitzen.

Begeistert war ich nie von diesem Spielzeug, doch gleichzeitig traute ich meinem Sohn zu, es selbst zu merken, wenn ihm all das nicht guttat. Ich tat das, weil ich wusste, wie sensibel er schon von klein auf für sich und für äußere Einflüsse war. In diesem Moment bestätigte sich meine Entscheidung.

»Was heißt das jetzt?«, frage ich ihn nach einem kurzen Moment der Stille vorsichtig.

Er weiß es sofort und zögert dennoch damit, die Worte auszusprechen. »Ich muss das wegtun«, gibt er irgendwann zurück und kämpft dabei mit dem Schmerz, der dadurch unaufhaltbar aufkommt.

Für Amos ist das kein Befehl Gottes. Es ist kein Verbot, dem er aus Angst gehorchen muss. Für ihn ist es der Rat von jemandem, dem er vertraut, dass er es gut mit ihm meint. Dennoch merke ich, wie es sich für ihn zuerst wie ein Raub anfühlt, all seine Schätze weggeben zu müssen.

»Du musst das nicht machen. Jesus ist nicht sauer, wenn du das behältst.« Mit diesen Worten begleite ich ihn in seinen Gedanken und Gefühlen, die seinen Kopf beinahe sichtbar zum Rauchen bringen und in irgendwelche Bahnen finden wollen.

Er nickt.

»Aber du hast das Gefühl, dass es gut wäre, das alles wegzutun, weil es dir offensichtlich nicht guttut?«

Er nickt wieder.

Es dauert noch einige Minuten, bis ich seinem Gesicht ansehe, dass aus dem Gefühl des Beraubtwerdens die Überzeugung entsteht, dass es zu etwas Gutem führen wird, auf diesen Rat eines vertrauenswürdigen Freundes zu hören. Doch jetzt ist sie da, diese Überzeugung. Aus einem trauernden Gesicht wird ein hoffnungsvoller Blick, der schon Pläne schmiedet, wie dieses Eigentum beseitigt werden könnte. Bereits am nächsten Morgen werden alle Ninjago-Karten mit in die Schule genommen und an die interessierten Klassenkameraden verschenkt. Die Erkenntnis meines Sohns führt nicht dazu, diese Spielzeugwelt komplett zu verteufeln und allen anderen davon abzuraten. Doch in seinem Leben soll sie nicht mehr so präsent sein.

Obwohl es noch eine ganze Zeit dauert, bis alles davon aus seinem Zimmer und unserem Haus entfernt wurde, ist bereits seit diesem Abend eines nicht mehr hier: die Angst. Sie ist weg, seit Amos' Herz sich von diesem Thema verabschiedet und dazu entschieden hat, dem Rat Jesu zu folgen. Mein Sohn verstand durch Gottes Reden in seinem Alltag die Verbindung zwischen seiner Angst und seinem Spielzeug. Er nahm wahr, was Gott sagte, und konnte den Zusammenhang deuten, und ich durfte ihn dabei begleiten.

Was war denn das?

Kinder haben eine natürliche Leichtigkeit dabei, Gottes Reden und Wirken zu erleben. Diese Leichtigkeit führt manchmal dazu, dass Kinder das, was sie wahrnehmen, nicht als erwähnenswert empfinden, weil es für sie so real und dadurch fast nebensächlich ist. Bei aller Leichtigkeit, mit der Kinder Gott erleben können, ist es umso wichtiger, sie mit Erklärungen zu versorgen, die ihnen das erläutern, was sie wahrnehmen und erleben. Denn so wertvoll diese persönlichen Erlebnisse mit Gottes Wirken und seinem Reden auch sind, genauso wichtig ist es, sie richtig einzuordnen und zu deuten.

So wertvoll die persönlichen Erlebnisse mit Gottes Wirken und seinem Reden auch sind, so wichtig ist es, sie richtig einzuordnen und zu deuten.

Schon immer hatten Menschen schnell ihre eigenen Theorien, die erklären sollten, was sie wahrnahmen. Nicht ohne Grund musste Jesus seinen Jüngern einmal erklären, dass der blinde Mann, den sie sahen, nicht deshalb krank war, weil er oder seine Eltern gesündigt hatten. Die Jünger versuchten sich anhand des Denkens ihrer Zeit zu erklären, wie es zu einer solchen Krankheit kommen konnte. In jedem Zeitalter haben Menschen ihre Erklärungen dafür, wie bestimmte Ereignisse miteinander im Zusammenhang stehen.

Der Heilige Geist ist der Ratgeber, der uns hilft, unabhängig vom Denken unserer Zeit in der Lage zu sein, Zusammenhänge zu interpretieren. Sowohl für uns als auch für unsere Kinder ist außerdem die Bibel ein hilfreicher Ratgeber, um Gottes Wirken richtig zu interpretieren. Die Geschichten der Bibel zeigen uns, wie Menschen über viele Generationen hinweg manchmal mehr und manchmal weniger gut in der Lage waren, Gottes Reden zu deuten.

Geheiligte Wahrnehmung

Wie wertvoll die richtige Interpretation für Gottes Wirken ist, wird an einer Situation im Leben von Elisabeth im Neuen Testament sichtbar. Als Elisabeth mit dem Kind, das später als Johannes der Täufer bekannt werden wird, schwanger ist, bekommt sie Besuch von Maria. Maria ist gerade schwanger mit dem Kind, das wir später als Jesus Christus kennenlernen. Als Maria das Haus von Elisabeth betritt, passiert etwas, was erst einmal nicht unbedingt außergewöhnlich ist: Das Kind in ihrem Bauch bewegt sich.

Was man in den Evangelien später noch über das Leben des Johannes erfährt, deutet darauf hin, dass er ein recht lebendiges, initiatives Wesen hatte. Ich selbst war mit drei sehr unterschiedlichen Kindern schwanger, und so unterschiedlich sie auch von Geburt an waren, gestrampelt haben sie alle während der Schwangerschaft. Besonders erstaunlich dürfte es für Elisabeth also nicht gewesen sein, die Tritte ihres Babys im Mutterleib zu spüren. Doch Elisabeth tut in dieser Situation zwei Dinge, die sie nicht nur sehen lassen, was Gott tut, sondern auch verstehen lassen, was er vorhat.

Das Erste ist, dass sie wahrnimmt, was gerade passiert. Sie nimmt wahr, dass das Kind in ihrem Bauch genau in dem Moment zu strampeln beginnt, als Maria den Raum betritt. Das Zweite, was Elisabeth tut, ist, diesen Zusammenhang mithilfe des Heiligen Geistes zu interpretieren. Als Elisabeth diesen »Zufall« wahrnimmt, wird sie vom Heiligen Geist erfüllt und versteht, was hier gerade vor ihren Augen geschieht. »Du bist von Gott gesegnet vor allen anderen Frauen, und gesegnet ist auch dein Kind«, ruft sie Maria zu (Lukas 1,42). Elisabeth erkennt Gottes Gegenwart im Raum. Ihr Kind hat das sogar noch vor ihr erkannt.

Als Erwachsene können wir unseren Kindern helfen, das, was sie oft viel leichter als wir in der unsichtbaren Welt wahrnehmen, zu benennen und richtig zu deuten. Je vertrauter wir mit dem Heiligen Geist sind, desto leichter wird das sowohl uns als auch unseren Kindern fallen.

WENN ERWACHSENE KINDERN DIENEN

Der kleine König Joas

In der Bibel gibt es die Geschichte eines kleinen Jungen namens Joas. Er ist einer der wenigen Könige in der Geschichte des Volkes Israel, die schon als Kind zum König wurden. Mit sieben Jahren wurde er der König von Juda. Joas hatte eine besondere Berufung bzw. »Salbung«, also etwas, das Gott mit seinem Leben vorhatte und durch ihn tun würde.

Seine Eltern waren bereits gestorben, als er noch ein Baby war. Joas' Vater war Ahasja, der König von Juda und Sohn von Atalja. Als Joas' Vater Ahasja starb, ließ Joas' Großmutter Atalja alle königlichen Nachkommen umbringen, um selbst an die Macht zu kommen. Der etwa einjährige Joas wurde rechtzeitig von seiner Tante Joscheba versteckt. Joscheba war die Schwester des verstorbenen Königs Ahasja und kümmerte sich von diesem Zeitpunkt an um Joas. Joschebas Ehemann war der Hohepriester Jojada. Da er im Tempel als Priester diente, war es dem Ehepaar möglich, ihren Neffen Joas sechs Jahre lang im Tempelbereich verborgen zu halten. In dieser Zeit herrschte Atalja als Königin über Juda (2. Könige 11).

Joas hatte zwar keine eigenen Eltern mehr, die ihn in seinem Aufwachsen und Aufblühen unterstützen konnten, vom Beginn seines Lebens stellten sich aber immer andere Erwachsene an seine Seite, die es ihm möglich machten, seine von Gott gegebene Berufung in seinem Leben zu entdecken und auszuleben. Aus dieser Geschichte können wir lernen, wie wir Erwachsenen zu Unterstützern dessen werden können, was Gott in einem Kind und durch es tun möchte.

> Wir können als Erwachsene zu Unterstützern dessen werden, was Gott in einem Kind und durch es tun möchte.

Es gab verschiedene Gruppen von Menschen, die es möglich machten, dass Joas seine Berufung annehmen und ausleben konnte. Diese Geschichte kann uns, die wir Kinder in unserem Umfeld haben, inspirieren, in ihrem Leben unterstützende Rollen einzunehmen.

Tante Joscheba und Onkel Jojada

Die erste Person, die das Leben und die Berufung, die auf Joas' Leben lag, schützt, ist seine Tante Joscheba. Sie erkennt bereits, als er noch ein Kleinkind ist, die Wichtigkeit seiner Berufung. Joscheba rettet Joas vor der Königin, die alle lebenden Thronfolger auslöschen möchte. Sechs Jahre lang schützt sie sein Leben, indem sie ihn im Tempelbereich versteckt, in dem ihr Ehemann Jojada als Hohepriester dient.

Der Hohepriester Jojada ist der Onkel von Joas und Ehemann von Joscheba. Er dient als Hohepriester im Tempel und unterstützt in den ersten Jahren von Joas' Leben die Bemühungen seiner Ehefrau, das Leben des Königssohns zu schützen.

Doch er tut noch mehr für seinen Neffen. Nach Jojadas Tod wird deutlich, wie wichtig seine Gegenwart und sein Rat für Joas waren: »Sein ganzes Leben lang tat [Joas], was dem Herrn gefiel, denn der Priester Jojada war sein Ratgeber« (2. König 12,3). Durch seine neuen Berater lässt Joas sich dazu verleiten, nicht mehr regelmäßig in den Tempel zu gehen. Von da an wendet er sich von Gott ab und verehrt andere Götter.

Jojada spielt außerdem eine wichtige Rolle bei Joas' Thronbesteigung. Als Joas sieben Jahre alt ist, entscheidet Jojada sich zu einem großen und riskanten Schritt, mit dem er Joas vor dem Volk zum König machen will. Bisher geschah alles rund um Joas' Leben im Verborgenen, um nicht das Aufsehen der unrechtmäßig gekrönten Atalja zu erregen und Joas damit möglicherweise in Gefahr zu bringen. Doch nun möchte Jojada endgültig dafür sorgen, dass Joas das Leben leben kann, das ihm aufgrund seiner königlichen Vorfahren zusteht. Er hat den Plan, Joas vor dem Volk zum König auszurufen.

Bisher hat Jojada seine Ehefrau darin unterstützt, Joas im Tempel zu verstecken und ihn so zu schützen. Jetzt geht er einen Schritt weiter und tut etwas, was auch uns für unseren Alltag mit Kindern und ihrer Berufung inspirieren kann. Er organisiert Schutz für Joas, für diesen besonderen Moment, der ihn aus seinem Versteck in seine gottgegebene Aufgabe hineinführen soll.

Offiziere und Priester

Jojada beginnt die Durchführung seines Planes damit, dass er Offiziere der Palastwache und der königlichen Leibwache, Leviten, Priester und Sippenoberhäupter Judas zu sich in den Tempel ruft. Bevor Jojada den Offizieren Anweisungen gibt, was geschehen soll, führt er ihnen Joas vor. Sie sollen sehen, worum es geht. Anschließend erklärt er ihnen genau, wie die Krönung vonstattengehen soll (2. Könige 11,5-8).

Als der nächste Sabbat gekommen ist, wird Joas im Schutz der Offiziere und ihrer Soldaten innerhalb des Tempelbereichs aus seinem Versteck herausgeführt und dort von seinem Onkel Jojada zum König gekrönt und gesalbt. Er kann nun seine Bestimmung leben – die Idee, die Gott für sein Leben hatte.

Während Jojada den Überblick hat, einen Plan schmiedet und die richtigen Personen beauftragt, sind die Offiziere, Priester und Leviten mehr die ausführende Kraft des Schutzes rund um Joas und seine Berufung. Sie bewachen die Ein- und Ausgänge des Tempels und den Palast der Königin Atalja, damit niemand Joas' Krönung aufhalten kann.

Die Bevölkerung

Die letzte Personengruppe, die uns in der Geschichte von Joas in unterstützender Rolle begegnet, ist das Volk Juda. Als Jojada Joas unter dem Schutz der Soldaten vor allen Priestern und Leviten und dem Volk Juda zum König einsetzt, reagiert die Bevölkerung auf eine sehr bedeutsame Weise: »Alle klatschten in die Hände und riefen: ›Lang lebe der König!‹« (2. König 11,12).

Joas' Tante Joscheba, der Hohepriester Jojada und die Offiziere und Priester taten vor allem eines für Joas und seine Berufung: Sie schützten sie. Was Joas aber letztendlich offiziell zum König machte und damit seine Salbung Realität werden ließ, war die Bestätigung der Bevölkerung. In der Geschichte des jungen Königs David, ein paar Generationen zuvor, wird deutlich, dass allein die Salbung mit Öl von einem Priester oder Propheten einen Menschen nicht sofort zum König macht. David wurde von Samuel als junger Mann gesalbt, aber erst einige Zeit später offiziell zum König von Israel. Dass die Bevölkerung auf die Krönung von Joas mit Bestätigung reagierte, machte Joas tatsächlich zum König.

Jojadas Werkzeuge

Drei Werkzeuge gibt der Hohepriester Jojada seinem Neffen Joas mit, als er ihn vor der Bevölkerung zum König macht. Er setzt ihm eine Krone auf, gibt ihm das Königsgesetz in die Hand und salbt ihn zum König. Mit der Krone stärkt und bestätigt Jojada die Identität, die in Joas liegt. Mit dem Königsgesetz macht er Joas mündig, Gott selbstständig folgen zu können und so zu leben, wie es Gott gefällt. Mit der Salbung zum König gibt er Joas einen Auftrag und die dazugehörige Autorität. Identität, Lehre über Gott und ein persönlicher Auftrag sind Dinge, die wir unseren Kindern mitgeben dürfen.

Erwachsene schützen und unterstützen die Berufung

Jeder Mensch hat in seiner Kindheit erlebt, wie wichtig der Zuspruch Erwachsener ist und wie sehr er fehlt, wenn er nicht ausgesprochen wurde. Jeder Erwachsene kann für ein Kind eine Person sein, die ermutigt, die schützt und die erkennt, was Gott im Leben des Kindes tut.

Als Erwachsene können wir im Leben von Kindern, seien es unsere leiblichen Kinder oder andere, die uns anvertraut sind, wichtige und unterschiedliche Rollen einnehmen, um sie in dem zu stärken, was Gott in ihnen tut und durch sie tun möchte.

Identität, Lehre über Gott und ein persönlicher Auftrag sind Dinge, die wir unseren Kindern mitgeben dürfen.

Wir können wie die Tante Joscheba die Person sein, die erkennt, was Gott in einem Kind tut, und in direktem Kontakt für dessen Schutz sorgen. Dabei kann es sich sowohl um körperlichen Schutz als auch um seelischen Schutz handeln. Darüber hinaus können wir auch, was den geistlichen Schutz von Kindern angeht, eine lebensverändernde, wenn auch nicht immer sichtbare Rolle spielen. Wir können das Kind im Gebet schützen und wir können Ermutigung und Wahrheiten zusprechen.

Wir können wie der Onkel Jojada Menschen organisieren, die einen Rahmen schaffen, in dem die Salbung von Kindern geschützt und unterstützt wird. Die Salbung von Kindern wird beschützt, indem man ihnen hilft, ihren Zugang zu Gott zu entdecken. Sie wird beschützt, indem ihr Glaube gestärkt wird, dass Gott ihnen nah ist und durch sie wirken kann und will. Ihre Salbung wird beschützt, indem man sie dabei begleitet, herauszufinden, wie Gott in ihrem Leben wirkt. Sie wird beschützt, indem man ihnen hilft zu erkennen, zu welchem Thema oder für welche Menschengruppe Gott ihr Herz berührt.

Wir können wie die Offiziere, die mit den richtigen Waffen ausgerüstet waren, um zu schützen, mit geistlichen Waffen zu Schutzpersonen für Kinder werden. Wir können sie durch Gebet, durch biblische Lehre, durch das Bekanntmachen mit dem Heiligen Geist als Verstärker der Früchte des Geistes schützen.

Die Offiziere und Soldaten führten übrigens nur das aus, was jemand anderes als Vision und Plan entwickelt hatte. Doch ohne sie hätte Jojada seinen Plan nicht umsetzen können. Nicht jeder muss große Visionen und Strategien entwickeln, um langfristige Konzepte der Arbeit mit Kindern in Kirchengemeinden zu erarbeiten. Es braucht auch diejenigen, die sich einfach anschließen. Es braucht Menschen, die sagen: »Sag mir, was ich machen soll, und ich bin dabei.«

Und schließlich können wir wie die Bevölkerung das bestätigen, was die, die direkt mit den Kindern zu tun haben, uns als ihre Berufung und als das, was Gott durch diese Kinder tun möchte, offenbaren. Mit Worten der Ermutigung, dem Erkennen von Gaben unsererseits und dem Ausprobieren von Gaben seitens der Kinder sowie dem Übertragen von Verantwortung drücken wir diese Bestätigung beispielsweise aus. Dafür ist es nötig, unsere Kinder mit Gottes Augen zu sehen und sie dann so wertzuschätzen, wie Gott es tut.

Mit diesen Personengruppen ist die christliche Gemeinde ein unglaublicher Schatz. Sie bietet für verschiedene Arten von Schutz den Rahmen und schafft ein Netzwerk an Menschen, die es möglich machen, dass Kinder auch dann ihre Salbung entdecken und ausleben können, wenn die Eltern sie nicht darin unterstützen können oder wollen.

Joas' Vermächtnis

Nachdem Joas König geworden war, setzte er sich dafür ein, den Tempel wieder auszubessern. Er hatte durch sein Leben eine große Wertschätzung für den Tempel entwickelt und fand einen Weg, ihn zu reparieren. Der Ort, an dem Menschen Gott begegnen konnten, weil seine Gegenwart dort zu finden war, sollte wieder seinem Wert entsprechend aussehen. Das war Joas' Herzensanliegen, und er sorgte dafür, dass der Tempel für das ganze Volk wieder zu einem Ort wurde, an den man regelmäßig ging.

Daran wird deutlich, welchen Einfluss Joas' Lebenswerk der Tempelaufwertung auf die einzelnen Menschen des Volkes Juda, aber auch auf sie als gemeinsames Volk gehabt haben muss. Eine ganze Generation wurde wiedererweckt, regelmäßig in den Tempel zu kommen und Gott zu suchen. Ein Kind, dessen Salbung ernst genommen wurde, sorgte für eine Art Erweckung.

DER WEG EINES KINDES

Einen der Weisheitssprüche von Salomo übersetzt Luther folgendermaßen ins Deutsche: »Gewöhne einen Knaben an seinen Weg, so lässt er auch nicht davon, wenn er alt wird« (Sprüche 22,6).

Als Eltern möchten wir unsere Kinder nach bestem Wissen und Gewissen auf ihr Leben vorbereiten und dürfen sie in ihrer prägenden Kindheit und Jugendzeit fast zwei Jahrzehnte lang begleiten. Wir prägen sie mit unseren Werten, mit unserem Charakter und mit den Lebensumständen, die entweder wir oder das Leben selbst für sie gewählt haben. Sie selbst wählen das wenigste von all dem bewusst aus. Auch für uns Erwachsene sind diese prägenden Einflüsse nur teilweise kontrollierbar oder veränderbar, weshalb wir uns immer wieder daran erinnern dürfen, dass wir die Kontrolle loslassen und sowohl unseren Kindern als auch Gott vertrauen können, dass sie in der Lage sind, das Leben zu meistern.

Gleichzeitig interessiert mich, was Gottes Weg mit meinem Kind ist. Ich möchte wissen, wie laut dem oben zitierten Bibelvers »sein Weg« aussehen könnte, um es bestmöglich begleiten zu können. Sein Weg ist ein anderer als mein Weg. Sein Weg ist auch ein anderer als der seiner Geschwister oder seiner besten Freunde.

Was tut Gott in meinem Kind? Was hat er in sein Leben gelegt? Welcher Segen wird durch diesen Menschen mit seiner einzigartigen Mischung aus Charakter, Prägungen und Erfahrungen, die leider immer auch Probleme oder Verletzungen einschließen, entstehen? »Sein Weg« erlaubt kein Pauschalrezept für Erziehung. Wenn Gott im Leben unserer Kinder unterschiedliche Dinge tun möchte, dann brauchen wir Gottes Begleitung, um zu verstehen, was sie von uns benötigen.

Unterschiedliche Berufungen: Daniel und Johannes

Als Eltern haben wir bestimmte Werte, mit denen wir unsere Kinder automatisch prägen, ob wir uns dessen bewusst sind oder nicht. Wer mehrere Kinder hat, wird schon nach wenigen Monaten erkennen, dass unsere Kinder, trotz gleicher Eltern, sehr unterschiedlich sind und selbst sehr unterschiedliche Werte in ihrem Leben entwickeln werden.

Wenn wir das Leben von Daniel aus dem Alten Testament mit Johannes dem Täufer aus dem Neuen Testament vergleichen, erkennen wir, wie hilfreich es als Eltern sein kann, zu wissen, welche Salbung Gott auf mein Kind gelegt hat, und dadurch zu verstehen, welche Begleitung und welche Werte für ihr Leben relevant sind.

Daniel war als Jugendlicher aus Israel nach Babylon verschleppt worden. Er wurde vom König ausgewählt, am Königshof zu dienen. Das tat er so gut, dass er von den verschiedenen babylonischen Königen, die während seines Lebens in Babylon regierten, immer wieder als wichtiger Ratgeber herangezogen wurde und bei ihnen hoch angesehen war. König Darius erkannte recht schnell Daniels besondere Kompetenzen, setzte ihn als einen von 120 Statthaltern über die Provinzen seines Reiches ein und dachte sogar daran, ihm die Verwaltung des ganzen Reiches zu übertragen (Daniel 6,4).

Daniel fiel zwar ein paar Mal damit auf, dass er sich weigerte, sich vor dem König oder der goldenen Königsstatue zu verneigen und sie anzubeten, ansonsten war sein Leben aber davon geprägt, sich einer Kultur und Mentalität unterzuordnen, die seiner eigenen jüdischen Kultur und den Lehren Jahwes diametral entgegenstanden. Er wurde von Königen anerkannt und geschätzt, die seinem Glauben von Grund auf widersprachen. Daniels Unterordnung in fragwürdigen Kulturen ermöglichte ihm großen Einfluss.

Ganz anders Johannes:

> Um diese Zeit fing Johannes der Täufer an, in der Wüste von Judäa zu predigen: »Kehrt um und wendet euch Gott zu, denn das Himmelreich ist nahe.« Schon Jesaja hatte auf Johannes hingewiesen, als er verkündete: »Er ist eine Stimme, die in der Wüste ruft: ›Schafft Raum für das Kommen des Herrn! Ebnet ihm den Weg!‹« Johannes trug Kleider aus gewebtem Kamelhaar und einen Lederriemen um die Hüften; er ernährte sich von Heuschrecken und wildem Honig.
> *Matthäus 3,1-4*

Die detaillierte Beschreibung der Kleidung und Ernährungsweise des Johannes macht deutlich, dass nichts an seinem Leben angepasst und üblich zu sein schien. Er fiel mit seinem ganzen Sein auf und bewies immer wieder, dass er seinen Auftrag nicht darin sah, den Machthabern zu gefallen. Seine Berufung lautete: »Eine Stimme ruft: Baut dem Herrn eine Straße durch die Wüste. Ebnet unserem Gott einen Weg durch die Steppe« (Jesaja 40,3).

Als ich Kind war, machten wir regelmäßig an einem sehr ländlichen Ort in Frankreich Urlaub. Meine Familie hatte dort ein Ferienhaus, und so fuhren wir mindestens einmal im Jahr die 900 Kilometer dorthin, um der Zivilisation zu entfliehen, den Kühen vor dem Haus beim Grasen und dem Bauern von nebenan beim Mähen zuzusehen. Für einen etwa einstündigen Spaziergang konnten wir am Haus entlang einen kleinen Weg bis zu einer kleinen Badestelle am nahe gelegenen Bach hinuntergehen, dem Bachlauf ein paar Felder lang folgen, durch ein Waldstück hindurch und nach dem letzten Feld über die Straße wieder zurück zum Haus laufen.

Die Felder am Bach sahen zu jeder Jahreszeit anders aus. Manchmal waren sie frisch gemäht, und schon von der Badestelle aus war das Waldstück dahinter zu sehen. Doch manchmal waren sie so hoch bewachsen, dass es unmöglich schien, sie zu durchqueren. Derjenige, der beim Durchlaufen so eines hoch bewachsenen Feldes vorausging, brauchte Mut, Willenskraft und im besten Fall auch eine lange Hose. Selbstbewusst musste man ebenfalls sein, um nicht schon von Anfang an daran zu zweifeln, ob dieser Weg begehbar war und das nicht sichtbare Ziel erreichbar sein würde.

Menschen, die Wege bahnen, gehen Wege, die kein anderer Mensch vor ihnen gegangen ist. Sie tun und sagen Dinge, die nicht üblich sind, getan und gesagt zu werden. Wäre der Weg schon oft betreten worden, müsste er nicht gebahnt werden. Johannes war von Geburt an mit dem Auftrag von Gott gesalbt worden, Dinge zu tun, die nicht üblich waren.

Menschen, die Wege bahnen, gehen Wege, die kein anderer Mensch vor ihnen gegangen ist.

Johannes' Leben wurde von den Machthabern beendet. Daniels Machthaber Darius hingegen war entsetzt, als er hörte, dass Daniel in der Löwengrube sterben sollte, und befreite ihn daraus, sobald es ihm möglich war. Daniel und Johannes lebten auf ganz unterschiedliche Weise, konnten aber beide von Gott dazu gebraucht werden, Menschen mit seiner Botschaft zu erreichen und Einfluss zu nehmen. Auch unsere Kinder sind unterschiedlich.

Diese unterschiedlichen Personen der Bibel mit ihrem jeweils ganz eigenen Charakter und Lebensweg inspirieren mich dazu, Gott Fragen über meine Kinder zu stellen. Er hat sie geschaffen. Er versteht sie noch viel besser als ich und kennt jeden Tag ihres Lebens. Ich möchte mir über den Weg meiner Kinder bewusst werden, um sie so, wie Sprüche 22,6 uns ermutigt, darauf zu führen, damit sie auch später nicht davon abweichen.

Das prophetische Spiel

»Du bist dran. Welche Kategorie wählst du: Kinderfilm-Figuren, Werkzeuge, Tiere, Fahrzeuge oder biblische Personen?«, frage ich meinen Sohn. Wir sitzen mit Freunden in unserem Wohnzimmer und wollen gerade das prophetische Spiel spielen, als mein Sohn sich zu uns setzt, weil er mit uns spielen möchte. Das Spielen und Toben mit den anderen Kindern im Haus muss kurz warten. Nun will er prophezeien.

Das prophetische Spiel ist von praktischen Übungen inspiriert, in denen man Gottes Reden füreinander hört. Es ist eine spielerische Form, Menschen aus Gottes Perspektive zu sehen. Schon oft haben wir dieses Spiel mit Freunden gespielt, die Gott kennen, denen es aber manchmal nicht leichtfällt, sein Reden in ihrem Leben wahrzunehmen.

»Fahrzeuge nehm ich!«, ruft mein Sohn nach kurzem Überlegen. Die Sanduhr läuft. Nun haben alle anderen 60 Sekunden Zeit, zu überlegen, welches Fahrzeug ihnen für die Person, die gerade dran ist und die Kategorie gewählt hat, in den Sinn kommt. Die spielerische Form nimmt all die Hemmschwellen, die Begriffe wie »Hörendes Gebet« oder »Prophetie« häufig aufbauen. Im Vertrauen darauf, dass Gott immer mit uns ist und durch unsere Gedanken spricht, können wir uns darauf verlassen, dass er auch dann spricht, wenn wir nicht davor stundenlang gebetet und tagelang gefastet haben. Nichts gegen Beten und Fasten! Doch in diesem Fall folgen wir der Gewissheit, dass der Weg in Gottes Gegenwart frei und die Verbindung zu ihm leicht ist.

Die Zeit ist vorbei und der Erste, der möchte, darf beginnen. »Ich hatte ein Rennauto im Kopf«, sagt ein Freund von uns, der das Spiel zum ersten Mal mit uns spielt. Er hat die Regeln schnell begriffen. Während die Sanduhr läuft, hat jeder Zeit, sich zwei Fragen zu stellen:

- Was kommt mir aus dieser Kategorie zuerst in den Sinn oder will mir nicht mehr aus dem Kopf gehen?
- Was verbinde ich mit dem, was mir in den Sinn kam? Welche Assoziationen fallen mir ein?

Einmal spielten wir dieses Spiel mit den Teens der Kirche und ich erklärte anhand eines frei von mir erfundenen Beispiels, wie das aussehen kann: »Wenn wir zum Beispiel Mariel nehmen und sie die Kategorie ›Tiere‹ gewählt hat, dann überlege ich, welches Tier mir zuerst in den Sinn kommt oder welches Tier mir nicht mehr aus dem Kopf gehen will. Vielleicht denke ich dann an die Ameise. Dann frage ich mich: Was verbinde ich mit der Ameise? Zum Beispiel denke ich vielleicht daran, dass die Ameise stark ist und Dinge tragen kann, die schwerer sind als sie selbst.« Mariel schaute mich an und konnte nicht fassen, wie gut dieses Beispiel zu ihrer Woche passte. Sie war von der Kirche gefragt worden, ob sie am nächsten Sonntag eine Aufgabe übernehmen könnte, die sie sehr viel Überwindung kosten würde und sich zu groß anfühlte. Bereits dieses Beispiel zur Erklärung des Spiels sprach direkt in ihr Herz.

Unser Freund, der für meinen Sohn an das Rennauto denken musste, fährt fort: »Das Rennauto ist schneller als andere Autos. Ich glaube, du bist schnell. Du verstehst Dinge schnell. Ich musste daran denken, dass hinter deinem Rennauto ganz viele andere Autos in ihrem eigenen Tempo herfahren. Ich glaube, du kannst andere gut mitnehmen und ihnen Dinge erklären«, sagt die Person in unserem Wohnzimmer weiter zu meinem Sohn.

Als seine Mutter weiß ich, wie gut all das zu ihm passt.

Das Rennauto

Es war irgendwann während der Pandemie. Alle zwei Wochen am Donnerstagabend fand über Zoom ein Treffen für prophetisch begabte Kinder statt. Etwa zehn Kinder aus dem deutschsprachigen Raum trafen sich, hörten von den Mitarbeitern inspirierende Gedanken dazu, wie Gott zu uns spricht, und bekamen den Raum, auf Gottes Reden zu hören und ihm zu begegnen. Mein Sohn war heute zum ersten Mal dabei. Er kannte in dieser Gruppe nur zwei Kinder, aber keinen der Mitarbeiter. Es waren inzwischen schon zwei Jahre vergangen, seit er im prophetischen Spiel mit unseren Freunden im Wohnzimmer das Rennauto als Bild für sich zugesagt bekommen hatte.

Der Mitarbeiter, von dem das Treffen organisiert wurde, leitete eine Zeit ein, in der alle Teilnehmer Gott fragten, ob er jemandem aus dieser Gruppe etwas sagen wollte. Nach einer kurzen Zeit begann dieser Mitarbeiter selbst zu sprechen. »Ich hab für dich ein Rennauto gesehen«, sagte er zu meinem Sohn. »Hinter dir fuhren einige andere Autos her. Ich glaube, dass du selbst Dinge schnell erkennst und verstehst und anderen helfen kannst, diese Dinge auch zu verstehen. Außerdem darfst du wissen, dass du nie alleine bist.«

Nun wusste mein Sohn sicher, dass Gott ihm da etwas offenbart hatte. Dieser Mitarbeiter, der ihn noch nie gesehen hatte, hatte haargenau dasselbe gesagt wie damals unser Freund während des Spiels bei uns zu Hause. Der Zuspruch ganz zum Schluss war in dieser von Corona und Lockdowns geprägten Zeit für ihn ganz nebenbei eine erleichternde Erkenntnis. Und ich als Mutter durfte erfahren, was Gott in meinem Kind sieht.

Sparkonto und Segenskiste

Um die Berufung unserer Kinder zu erkennen und sie dementsprechend begleiten zu können, brauchen wir Gottes Perspektive auf unsere Kinder. Wir brauchen seinen Blick, um zu erkennen, was er sieht.

Wir können unseren Kindern als Begleiter ihrer Kindheit ein großartiges Geschenk machen. Wir können das, was Gott uns über sie offenbart hat, sammeln. Manche legen für ihre Kinder ein Sparkonto an, das ihnen mit 18 Jahren einen sanften Start ins selbstständige Leben ermöglichen soll. Andere sammeln Kleidung und Spielsachen als Erinnerung für ihre Kinder. Wie wäre es, wenn wir unseren Kindern alles mitgeben, was Gott uns oder anderen Menschen einmal über sie verraten hat?

Wie wäre es, wenn wir unseren Kindern alles mitgeben, was Gott uns oder anderen Menschen einmal über sie verraten hat?

In unserer Familie haben wir für jedes unserer Kinder eine Segenskiste. Darin sammeln wir alle ermutigenden Postkarten oder Eindrücke, die jemand einmal mit uns geteilt hat. Wenn zum Beispiel in unserer Kirchengemeinde in Dortmund ein Kind geboren und von uns als Gemeinschaft gesegnet wurde, dann nahmen wir uns immer eine Zeit, in der jeder Gott bitten konnte, uns etwas über diesen neuen Menschen zu zeigen. Im Raum verteilt lagen Blätter und Stifte, und während Lobpreismusik lief, waren alle eingeladen, eine Ermutigung, einen Bibelvers, ein gemaltes Bild oder Ähnliches auf Papier festzuhalten. So hat jedes unserer Kinder gleich zu Beginn seines Lebens eine Fülle von Segensworten und Ermutigungen erhalten.

Und als wir mit unserem damals einjährigen Sohn Amos zum ersten Mal in Kalifornien im Urlaub waren und unsere Freunde in der Kirchengemeinde in Redding besuchten, bekam er ebenfalls einmal prophetischen Zuspruch. Wir hatten Amos in die Kinderbetreuung während des Gottesdienstes gebracht, aber da er noch klein war und kein Wort der englisch sprechenden Mitarbeiter verstand, wurden wir bereits nach etwa 15 Minuten informiert, dass er von uns abgeholt werden wollte. In diesen 15 Minuten hatten die Mitarbeiter bereits leise für ihn gebetet und Gott gefragt, was er in Amos sieht. Die Gedanken, die ihnen dann gekommen waren, hatten sie auf einen Zettel geschrieben, den sie uns überreichten, als wir unseren Sohn abholten. Bis heute sind uns diese Zusprüche wertvoll und wir beten dafür, dass sich das, was auf dem Zettel steht, in seinem Leben offenbart.

All diese Zettelchen und Segenswünsche sammeln sich in den Segenskisten der Kinder. Manchmal holen wir die Kisten hervor und schauen uns alles darin gemeinsam an. Gott kennt unsere Kinder. Er ist unser bester Begleiter, damit wir sie gut begleiten. Außerdem ist er auch ihr persönlicher Begleiter.

Tiefer gehen

Johannes 9: Hinter der Krankheit steht keine Sünde

Lukas 1: Elisabeth und Maria

2. Könige 11–12: Der kleine König Joas

Sprüche 22,6: Der Weg deines Kindes

Daniel: Daniels Berufung

Matthäus 3,1-4: Johannes' Berufung

Jesaja 40,3: Bahnt einen Weg

7 Himmlische Elternschaft

WAS IST EIN KIND WERT?

Kleine Ärzte, Handwerker und Weltenbummler

Während meiner Schulzeit machte ich ein Praktikum in einem Kindergarten. Ich wusste, dass ich beruflich mit Kindern arbeiten wollte, und wollte nun diesen Beruf kennenlernen. Zwei Wochen lang war ich Teil einer Gruppe für 3- bis 6-Jährige und begleitete sie den Vormittag über mit Spielen, Lesen und Streitschlichten. Immer wieder sah ich die Kinder an und verlor mich in Gedanken über ihr zukünftiges Leben. Ich sah die schüchternen Mädchen, die versuchten, angesichts der Willenskraft ihrer forscheren Freundinnen nicht unterzugehen. Ich sah die Jungen, deren wichtigste Frage zu sein schien, wer von ihnen der Chef war. »Justus hat gesagt, er ist der Boss, aber David sagt, er ist der Boss. Wer ist denn jetzt der Boss?«, fragte mich ein Junge einmal etwas verwirrt.

Ich betrachtete sie alle, diese unterschiedlichen kleinen Menschen, und ertappte mich immer wieder dabei, sie als die zukünftige erwachsene Version ihrer selbst zu sehen, die sie einmal werden würden. Ich wusste nicht, welche Berufe und Lebensumstände sie einmal für sich wählen würden. Doch genau dieses Nichtwissen löste eine neue Frage in mir aus: Wenn die Erzieher im Kindergarten wüssten, was einmal aus diesen Kindern werden würde, würde es ihren Umgang mit ihnen verändern? Wenn sie jetzt schon wüssten, dass Marie eine intelligente Ärztin, Justus ein geschickter Zimmermann und David ein neugieriger Weltenbummler werden würde, würden sie die Kinder anders sehen? Hätten sie mehr Respekt? Nicht dass es richtig wäre, dass der Respekt mit dem Wissen über zukünftige Qualifikationen und Titel wachsen würde. Diese Frage machte mir jedoch bewusst, dass es uns als Erwachsene oft schwerfällt, den Wert unserer Kinder zu erkennen, solange wir nicht ihre zukünftige Leistungsfähigkeit sehen können.

> Im Umgang mit Kindern können wir lernen, einen Menschen allein in seinem Sein zu schätzen, unabhängig von dem Beitrag, den er für uns leistet.

Kinder geben der Gesellschaft keine Leistung. Sie verhalten sich nicht immer angemessen und sind alles andere als perfekt. Wir »brauchen« Kinder in unserer Gesellschaft nicht. Wenn, dann interessieren uns vor allem ihre zukünftigen Versionen. Nicht umsonst sagen wir: »Kinder sind unsere Zukunft.« Doch im Umgang mit Kindern können wir lernen, einen Menschen einzig und allein in seinem Sein zu sehen und zu schätzen, unabhängig von dem Beitrag, den dieser Mensch für uns leistet. Genau das hat Jesus uns vorgelebt.

Wer ist der Wichtigste im Reich Gottes?

Was für eine gute Idee Gottes, dass das Leben eines jeden Menschen mit der Kindheit beginnt! Wir alle durchlaufen diese prägende Zeit.

Wir alle erleben die ohnmächtige Abhängigkeit von Erwachsenen – in der Hoffnung, dass sie uns gut gesonnen sind. Wir alle können Empathie entwickeln für Menschen in dieser Lebensphase, in der wir zwar noch viel zu lernen, aber gleichzeitig schon viel zu geben haben. Letzteres wird auch durch Jesu Worte immer wieder deutlich. Kinder bekamen nicht nur aus Mitleid Jesu Aufmerksamkeit, sondern vielmehr aus einer tiefen wertschätzenden Grundhaltung heraus.

»Wer ist wohl der Wichtigste in Gottes himmlischem Reich?«, fragten die Jünger Jesus einmal, nachdem sie sich offensichtlich Gedanken darüber gemacht hatten. Wie so oft schienen in Jesu Gegenwart die Kinder nie weit entfernt zu sein, da er sofort ein Kind herbeirufen konnte, um es in ihre Mitte zu stellen. Welch ein Hohn allein diese Handlung für die Jünger gewesen sein muss! Vielleicht hatten sie sich gegenseitig ihre großen Taten aufgezählt und von ihrer besonderen Verbindung zu ihrem Rabbi Jesus erzählt, um den anderen zu beweisen, dass sie sicherlich zu den Wichtigsten in Gottes Reich zählen müssten. Vielleicht hatten sie sich auch gemeinsam über die ungläubigen Römer und die hochnäsigen Pharisäer amüsiert und waren zu dem Schluss gekommen, dass sie dagegen eine besonders hohe Stellung im himmlischen Reich haben mussten. Dass Jesus dann ein Kind in ihre Mitte stellte, jemanden, der nicht im Dienst des Herrn stand und der sicherlich noch nichts Einflussreiches im Namen Gottes vollbracht hatte, war vermutlich nicht das, was die Jünger als Antwort auf ihre Frage erwartet hatten.

> Ich versichere euch: Wenn ihr euch nicht ändert und so werdet wie die Kinder, kommt ihr ganz sicher nicht in Gottes himmlisches Reich. Wer aber so klein und demütig sein kann wie ein Kind, der ist der Größte in Gottes himmlischem Reich.
> *Matthäus 18,3; HFA*

Diese Aussage Jesu müsste genügen, damit wir verstehen, wie wichtig ihm Kinder sind. Als er aber weiterspricht und das Thema vertieft, offenbart er in einem kleinen Nebensatz etwas, das uns bei jedem Lesen wieder neu über Gottes großes Herz für Kinder staunen lassen kann.

> Hütet euch davor, hochmütig auf die herabzusehen, die euch klein und unbedeutend erscheinen. Denn ich sage euch: Ihre Engel haben immer Zugang zu meinem Vater im Himmel.
> *Matthäus 18,10-11; HFA*

Wie selbstverständlich redet Jesus davon, dass Kinder Engel haben, die für sie verantwortlich sind. Doch nicht nur das lernen wir durch diese Aussage Jesu. Die Engel von Kindern haben außerdem einen besonderen Zugang zum Vater im Himmel, der offenbar nicht jedem Engel zusteht.

Die Geringgeachteten hoch schätzen

In einer Bibelübersetzung (NGÜ) werden Jesu Worte am Anfang dieser Verse folgendermaßen übersetzt: »Hütet euch davor, auf einen von diesen gering Geachteten herabzusehen!« Kinder wurden geringer geachtet als Erwachsene. Das war keine besondere Erkenntnis, sondern eine selbstverständliche Feststellung, wie Jesu Ausdrucksweise an dieser Stelle offenbart. Schon damals forderte Jesus seine Nachfolger dazu heraus, eine Haltung gegenüber Kindern einzunehmen, die eine ganz andere war, als die Kultur sie, ob bewusst oder unbewusst, gelehrt hatte.

Jesus erwartete, dass seine Nachfolger in ihrer Kultur Vorreiter darin waren, Kinder als wertvoll und als ernst zu nehmend zu schätzen. So wie er mehrmals über ein neues Paradigma der umgekehrten Rangordnung predigte – »Die Letzten werden die Ersten sein« (zum Beispiel in Matthäus 20,16) –, hatte er auch in Bezug auf Kinder eine Einstellung, die dem kulturellen Denken entgegengesetzt war. Wenn die Gesellschaft Kinder damals gering schätzte, so hatte Jesus für seine Jünger einen neuen Standard. Dabei unterschied er nicht, auf welchen Ebenen Kinder ernst genommen werden sollten. Gott nimmt Kinder nicht nur auf geistlicher Ebene vollkommen ernst, sondern auf allen Ebenen ihres Seins. Das sehen wir nicht nur daran, dass er nie eine Unterscheidung trifft. Auch die Begebenheit von Hagar und ihrem Kind Ismael in der Wüste macht das deutlich.

Gott nimmt Kinder nicht nur auf geistlicher Ebene vollkommen ernst, sondern auf allen Ebenen ihres Seins.

Als Hagar, die Nebenfrau von Abraham, mit ihrem Sohn Ismael zum zweiten Mal und diesmal endgültig von Abraham und Sara in die Wüste geschickt wird, hat sie wieder eine Begegnung mit Gott.

> Hagar ging weg und irrte in der Wüste von Beerscheba umher. Als sie das Wasser im Schlauch ausgetrunken hatten, ließ sie den Jungen im Schatten eines Busches zurück. Sie selbst ging noch etwas weiter und setzte sich ungefähr 100 Meter entfernt auf den Boden. »Ich kann nicht mit ansehen, wie mein Sohn stirbt!«, seufzte sie und brach in Tränen aus. Aber Gott hörte das Schreien des Jungen und der Engel Gottes rief Hagar vom Himmel aus zu: »Hagar, was ist mit dir? Hab keine Angst! Gott hat das Weinen deines Sohnes gehört, der dort liegt.«
> *1. Mose 21,14-17*

Hagar ist diejenige, die weinend zu Gott ruft und mit ihm redet. Auch das Kind Ismael ist sicherlich nicht gerade glücklich hier in der heißen Wüste, auf dem sandigen oder steinigen Boden unter dem Strauch, der ihm etwas Schatten spendet. Doch er betet nicht. Zweimal lesen wir hier allerdings, dass Gott das Schreien bzw. Weinen des Kindes gehört hat. Gott spricht zur Mutter, und er beruhigt sie nicht nur, sondern gibt ihr in den darauf folgenden Versen sogar ein Versprechen für das Leben ihres Sohnes und alle ihre Nachkommen. Gott begegnet Hagar in ihrer Not. Sie erlebt wieder, was sie schon bei ihrer ersten Begegnung mit Gott in der Wüste sagen ließ und was 2023 zur Jahreslosung wurde: »Ich habe den gesehen, der mich sieht!« (1. Mose 16,13).

Doch der Grund, den Gott selbst nennt, um sein Reden und Eingreifen zu erklären, ist, dass er das frustrierte Schreien eines Kindes hört, dem die Luft zu warm, der Boden zu hart und der Magen zu leer ist, und es ernst nimmt.

Wir Christen dürfen auch heute noch Vorbilder dafür sein, wie man Kindern respektvoll begegnet. Ihre Seele mit ihren Gefühlen und Bedürfnissen, ihr Denken, ihr ganzes Sein darf von uns gesehen und als wertvoll erachtet werden.

Du bist ernst zu nehmen

Kinder in ihrem ganzen Sein als wertvoll zu erachten bedeutet, dass wir ihnen die Erlaubnis geben zu sein, wie sie sind, und sie darin beschützen. Kinder erhalten durch unser Ernstnehmen zwei wichtige Lehren. Sie lernen zum einen, sich selbst ernst zu nehmen. Sie erleben, dass ihre eigene Stimme wichtig ist, und können sich selbst wahrnehmen. Dadurch werden sie automatisch dazu befähigt, auch Gott in sich wahr- und ernst zu nehmen. Sie selbst, ihr Sein, ist immerhin der Ort, an dem Gott mit ihnen ist. Der

Körper eines jeden Menschen als der Tempel des Heiligen Geistes (1. Korinther 6,19) ist ein wichtiger Ort, um die Verbindung mit Gott im Alltag zu leben.

Für die Generationen vor uns, die entweder aufgrund der schwierigen Lebensumstände oder aufgrund der fehlenden Erlaubnis dazu ihre Bedürfnisse nicht ernst nehmen konnten, ist genau dieses alltägliche Verbundensein mit Gott häufig ein wunder Punkt in ihrem Glaubensleben.

Repräsentanten des Reichs Gottes

Indem wir sie in ihrem ganzen Sein ernst nehmen, erhalten unsere Kinder eine weitere Lehre. Sie lernen, wie Gott mit uns Menschen umgeht und wie ein Leben mit Gott aussehen kann.

Da unsere Vorstellung, wie Gott ist, maßgeblich davon geprägt wird, wie wir als Kinder die Erwachsenen in unserem Leben erlebt haben, ist unser Umgang mit unseren Kindern ein wertvoller Schlüssel, um ihnen ihre eigene Verbindung zu Gott leicht zu machen. Dieser Gedanke soll allerdings nicht dazu führen, dass wir uns als Eltern unter Druck gesetzt fühlen, alles perfekt machen zu müssen. Nur Gott ist Gott. Nur er ist fehlerlos und heilig. Nur er ist allmächtig und beschreibt sich selbst nicht nur als liebend, sondern, mehr noch, als die Liebe selbst. Als Eltern repräsentieren wir also nicht Gott selbst, sondern das Reich Gottes. Das Reich Gottes ist der Ort, an dem die himmlische und die irdische Realität sich begegnen. Dort finden sowohl Fehler als auch Wiederherstellung statt. Dort gibt es sowohl Krankheit als auch Heilung.

> Als Eltern repräsentieren wir nicht Gott selbst, sondern das Reich Gottes, den Ort, an dem himmlische und irdische Realität sich begegnen.

Unsere Kinder werden durch uns niemals fehlerlose Elternschaft kennenlernen, aber sie können durch uns erleben, wie Buße und Vergebung aussehen. An uns können unsere Kinder beobachten, wie es aussieht, wenn die Früchte des Heiligen Geistes, wie zum Beispiel Selbstbeherrschung und Freundlichkeit, in uns wachsen. Unsere Kinder können in unserem Leben sehen, was es bedeutet, Gott zu vertrauen und ihm nachzufolgen, von ganzem Herzen, mit ganzer Hingabe und mit unserem ganzen Verstand (Matthäus 22,37).

Ein unverfälschtes Spiegelbild

Auch wir Eltern lernen wichtige Lektionen, wenn wir unseren Kindern den Glauben vermitteln.

Es war eine bereichernde Herausforderung, als unsere Kinder ein Alter erreichten, in dem sie den christlichen Glauben, den sie in unserem Alltag sahen, nun mehr und mehr auch mit ihrem Verstand begreifen wollten. Sie begannen, Fragen zu stellen, und spätestens jetzt waren wir als Eltern gezwungen herauszufinden, ob unser Glaube nur ein theoretisches Konzept mit mehr oder weniger sinnvollen Antworten auf die klassischen Lebensfragen war oder ob er eine lebendige und alltägliche Verbindung zu einem erfahrbaren Gott darstellte.

Wenn wir unseren Kindern nun von Gott und der Bibel erzählten, bemerkten wir, dass es fast schwieriger war, theologische Wahrheiten für Kinderohren nachvollziehbar zu erklären, als darüber eine Predigt für Erwachsene zu schreiben. Der Glaube musste für mich selbst lebendig sein, damit ich ihn einem Kind verständlich erklären konnte. Ganz neu und unverfälscht wurde deutlich, wie ich den christlichen Glauben und die Idee von dem lebendigen Gott verstanden und verinnerlicht hatte.

Nicht nur unser Reden über den Glauben lässt sichtbar werden, wie wir Eltern Gott erleben, sondern auch unser Umgang mit unseren Kindern ist ein unverfälschtes Spiegelbild unserer Vorstellung von Gott. Unser Umgang mit Fehlverhalten unserer Mitmenschen ist ein einfaches Beispiel, welches in der Tiefe deutlich macht, wie wir Gott wahrnehmen.

Vielleicht ist das ein Grund, weshalb unsere Verbindung zu Gott immer mehr an Klarheit und Reinheit gewinnt, sobald wir Kinder bekommen. Vieles, was wir bisher über Gott geglaubt haben, wird auf die Probe gestellt und auf seinen Wahrheitsgehalt überprüft.

WERTE FORMEN ELTERNSCHAFT

Jede Person und jede Generation hat Werte, nach denen sie handeln. Diese Erkenntnis hat in mir eine Wertschätzung für die verschiedenen Erziehungsmethoden der verschiedenen Generationen und Familien geweckt. Mir wurde bewusst, dass die Unterschiede in unserer Elternschaft nicht auf mangelndem Wissen oder fehlender Liebe, sondern auf der Unterschiedlichkeit der Werte, die wir verfolgen, basieren.

> Wichtig ist, sich der Werte, nach denen man handelt, bewusst zu werden.

Der Wert »Gehorsam« beispielsweise lehrt Kinder Anpassungsfähigkeit über ihre eigenen, selbstzentrierten Wünsche hinaus. Sie lernen, sich in Systeme einzufügen und sich selbst zurückzustellen. Wenn wir einem bestimmten Wert eine hohe Priorität einräumen, bedeutet das aber immer auch, dass andere Werte vernachlässigt werden. Auch unter dem Wert »Gehorsam« können andere Werte leiden. Kinder, denen vor allem Gehorsam beigebracht wird, müssen nach und nach lernen, sich und ihre eigenen Bedürfnisse wahrzunehmen und für sie einzustehen. Ihre mentale Gesundheit kann teilweise darunter leiden, dass sie sich zum Wohl der Gemeinschaft immer wieder zurückstellen.

Wichtig ist, sich der Werte, nach denen man handelt, bewusst zu werden. An mancher Stelle wird man dadurch entweder Sicherheit bekommen, den Weg, den man in der Elternschaft geht, weiterhin zu verfolgen, oder man wird dadurch feststellen, dass bestimmte Werte die eigene Erziehungsweise prägen, die man eigentlich nicht priorisieren möchte.

Natürlich ist auch die Zeit, in der man lebt, prägend für die Werte, die man weitergeben möchte. Jede Zeit erfordert andere Fähigkeiten und Werte. Verhaltensweisen, die jetzt als sinnvoll erscheinen, werden ein paar Generationen später vielleicht nicht mehr nachvollziehbar sein. In dieser Haltung, die keiner Familie und keiner Generation Boshaftigkeit oder Dummheit unterstellt, möchte ich dennoch auf einen Aspekt eingehen, der in unserer Elternschaft immer wieder auftauchen kann, nämlich dem der übermäßigen Kontrolle in Elternschaft.

Diktierende Kontrolle in Elternschaft

Einer meiner Söhne war es, der mich lehrte, dass viele unserer Erziehungsmethoden auf dem Prinzip übergriffiger Kontrolle gründen. Diese Art der Erziehung diktiert den Kindern ohne Mitspracherecht das erwünschte Verhalten und begleitet Kinder nicht in eine von Liebe geleitete Mündigkeit. Während mein anderer Sohn in seinen ersten Lebensjahren deutlich mehr daran interessiert war, seinen Mitmenschen mit angepasstem Verhalten zu gefallen, war seinem Bruder die Autonomie ein höherer Wert. Sätze wie »Wenn du nicht kommst, gehe ich nicht mehr mit dir auf diesen Spielplatz« hatten bei meinem ersten Sohn so gut funktioniert, dass ich erst jetzt merkte, dass sie eigentlich nicht ehrlich waren. »Das ist anstrengend für mich, wenn du nicht kommst, sobald ich dich rufe«, begann ich nun zu sagen und drückte damit ganz anders aus, dass ich eine Reaktion auf meine Worte erwartete.

Liebe als Erziehungsmittel?

Eines unserer Kinder fühlte sich in seinen ersten Lebensjahren schnell von anderen Kindern bedrängt und machte dies aufgrund mangelnder Sprachfähigkeit häufig durch körperliche Abgrenzung deutlich. In den Augen Außenstehender wirkte es wie grundloses Schubsen und machte die Spielplatzbesuche eine ganze Zeit lang für alle Beteiligten nicht sonderlich entspannt.

Der Kinderarzt hatte mir geraten, mein Kind bei solchem Verhalten nicht öffentlich zurechtzuweisen, um es nicht vor anderen zu demütigen, sondern leise und privat zu ihm zu sprechen. So hatte ich mir angewöhnt, es auf den Arm zu nehmen und ihm zuzuflüstern, dass es keine Option war, dem anderen Kind wehzutun, und was es für alternative Möglichkeiten gab, um sich zurückzuziehen. Diese körperliche Nähe, die ich meinem Kind gab, nachdem es sich wahrhaftig unangemessen verhalten hatte, störte manche Umstehenden. Sie forderten mich auf, strenger mit ihm zu reden, und verstanden nicht, weshalb ich mein Kind anscheinend mit meiner Nähe belohnte.

Hinter ihrer Empörung steckte die Idee, dass Liebe, in diesem Fall in Form von körperlicher Zuwendung, als erziehendes Mittel verwendet werden könnte. Schon während meines Studiums lernte ich in einem Seminar zur Geschichte der Erziehung, dass körperliche Züchtigung als Bestrafung seit einigen Jahren zwar immer weniger angewandt wurde, stattdessen aber der Liebesentzug immer mehr zum gängigen Erziehungsmittel wurde, um für

Kinder ihr Fehlverhalten spürbar zu machen und ihr Verhalten dadurch zu verändern. Dies war keine Empfehlung der Dozenten, sondern eine beobachtete Feststellung innerhalb der Erziehungswissenschaften.

Unabhängig davon, wie wir bestimmte Verhaltensweisen deuten und ob wir Bestrafung als geeignetes oder als traumatisierendes Erziehungsmittel bewerten, möchte ich eines deutlich machen: Liebe ist kein Erziehungsmittel. Nähe sollte nie Belohnung und Ablehnung nie Bestrafung sein. Denn auch Gott entzieht uns seine Liebe nicht, um uns zu erziehen.

Wer hat hier das Sagen?

Als wir 2013 zum ersten Mal Eltern wurden, erhielten auch wir noch von Menschen unserer Generation den Rat, unserem Kind möglichst schnell durch Schlafen im eigenen Zimmer deutlich zu machen, wer im Haus »das Sagen hat«. Einmal abgesehen davon, dass in vielen Kulturen gar nicht die räumlichen Möglichkeiten gegeben sind, jedem Familienmitglied ein eigenes Zimmer zu stellen, fragte ich mich damals, wie Gott das wohl handhabte. Er bezeichnete sich selbst doch als Vater und uns als seine adoptierten Kinder, wenn wir uns auf ihn einlassen wollten. Wenn jemand Gott neu kennengelernt hatte und sozusagen Teil der Familie geworden war, war es dann wirklich Gottes allererstes Anliegen als Vater, deutlich zu machen, dass er hier das Sagen hat?

Liebe ist kein Erziehungsmittel. Nähe sollte nie Belohnung und Ablehnung nie Bestrafung sein.

Immer wieder hatte ich in meinem Leben, aber auch im Leben anderer gesehen, dass er sich zuallererst als nah und als vertrauenswürdig präsentierte. Auch wenn Themen wie Gehorsam, Nachfolge und Gott als unser Herr in der Bibel nicht zu leugnen sind, so erlebte ich, dass mein Gehorsam eine Folge davon war, dass ich Gott als vertrauenswürdig erlebt hatte und freiwillig zu dem Schluss kam, dass der Gehorsam ihm gegenüber der sicherste Ort war, an dem ich mich aufhalten konnte. Gehorsam war die Folge von Vertrauen und nicht die Reaktion auf Angst vor einer Strafe. Gott möchte uns nicht kontrollieren, sondern eine freiwillige Beziehung zu uns aufbauen, sagt uns schon die Bibel: »Unsere Liebe kennt keine Angst, weil die vollkommene Liebe alle Angst vertreibt. Wer noch Angst hat, rechnet mit Strafe, und das zeigt, dass seine Liebe in uns noch nicht vollkommen ist« (1. Johannes 4,17-18).

Die manipulierende beleidigte Leberwurst

In allen zwischenmenschlichen Beziehungen sind manchmal Formen von Manipulation zu finden. Manipulation beginnt, wenn ich versuche, die Handlungen anderer, ob bewusst oder unbewusst, durch subtile Druckmittel zu beeinflussen, also zu kontrollieren.

In meiner Partnerschaft mit Martin erkannte ich irgendwann das Beleidigtsein als manipulatives Druckmittel meinerseits. Wenn Martin und ich uns über eine Sache nicht einig wurden, blieb ich schulterzuckend als beleidigte Leberwurst zurück und sprach so lange nicht mehr mit ihm, bis er irgendwann auf mich zukam, um ein klärendes Gespräch zu führen. Ich gab ihm damit das Gefühl, dass er mir etwas schuldig war. Auch das ist ein gängiges Mittel für Manipulation.

Zwei Sätze musste ich lernen, um aus diesem manipulativen Muster auszusteigen. »Du hast recht« beendete meine Haltung der Überlegenheit, die mir fälschlicherweise die Erlaubnis gab, meinen Standpunkt als wichtiger zu bewerten als seinen. »Es tut mir leid« brach meinen Stolz, der mich daran hindern wollte, meine Fehler zuzugeben. Ich erinnere mich daran, wie schwer diese Sätze mir zu Beginn fielen und wie leicht sie seitdem in all den Jahren wurden. Sie ermöglichten eine neue Verbindung zwischen uns, die uns aus dem Gegeneinander ins Miteinander führten.

Ehrlichkeit statt Kontrolle

Die allermeisten von uns nutzen Manipulation nicht aus Bosheit, sondern aus Angst. Wir haben Angst, in unseren Bedürfnissen nicht gesehen, in unseren Wünschen nicht gehört und in unserem Sein nicht ernst genommen zu werden. Angst will uns immer wieder davon überzeugen, dass Kontrolle die Lösung ist. Doch Liebe und Angst funktionieren nicht zusammen. Sie sind Gegensätze. Kontrolle in unseren Beziehungen aufzudecken, führt uns aus einer Beziehung der Angst in eine Beziehung der Liebe. Wenn wir möchten, dass unsere Beziehungen, sei es die zu unseren Kindern oder die zu allen anderen Menschen in unserem Leben, auf Liebe gegründet sind, müssen wir Manipulation daraus verbannen.

> Der Unterschied zwischen schützenden Regeln und kontrollierender Manipulation ist für mich Ehrlichkeit.

In der Elternschaft ist es nicht immer ganz leicht, hier zu differenzieren, da wir als Eltern, unseren Werten entsprechend, durchaus manchmal das Verhalten unserer Kinder lenken wollen und müssen. Wir lehren sie, welche Verhaltensweisen wir als angebracht empfinden und welche Verhaltensweisen wir nicht akzeptieren können. Unsere Kinder haben nicht immer die Wahl, was sie tun oder wie sie sich verhalten können. Sie erleben ein gewisses Maß an Fremdbestimmung, die aufgrund ihres Alters teilweise gerechtfertigt ist und im Ursprung ihren Schutz und ihre Überlebensfähigkeit in der Kultur, in die sie hineingeboren wurden, im Sinn hat. Der Unterschied zwischen schützenden Regeln und kontrollierender Manipulation ist für mich Ehrlichkeit. Manipulation gebraucht Lügen und Vorwände, um zu ihrem eigennützigen Ziel zu kommen.

»Wenn du mit den Füßen ins Wasser gehst, kommen Tierchen und kratzen deine Füße blutig«, hörte ich eine Mutter ernsthaft ihrem neugierigen Sohn zurufen, während ich mit meinem Sohn am Ufer eines Sees entlanglief.

Ihr etwa dreijähriger Sohn war sich ganz offensichtlich nicht sicher, wie ernst er die Worte seiner Mutter nehmen konnte, wagte es danach aber dennoch nicht mehr, sich mit seinen nackten Füßen dem Wasser zu nähern.

Mein Sohn, der jedes meiner Worte wörtlich nahm, schaute mich mit einem fragenden Blick an. Auch er hatte jetzt ein wenig Angst um die Sicherheit seiner Füße. Da ich für ihn Wechselkleidung dabeihatte, hatte ich ihm nicht verboten, ins Wasser zu gehen.

»Sie hat wahrscheinlich keine Wechselkleidung für ihren Sohn mit und möchte nicht, dass er nass wird. Deshalb hat sie etwas erfunden, was ihm Angst machen soll, damit er sich nicht dem Wasser nähert«, erklärte ich meinem Sohn beruhigend.

»Sie kann ihm doch einfach sagen, dass er nicht nass werden soll. Darf ich ihm sagen, dass er vom Wasser keine blutigen Füße kriegt?«, fragte er daraufhin.

Manipulation sieht den anderen nicht als Subjekt, sondern als Objekt, das sich bei Bedarf den eigenen Wünschen unterordnen muss. Ehrliche Elternschaft bleibt bei der Wahrheit. Auch sie möchte, wenn nötig, auf das Verhalten des Kindes Einfluss nehmen, aber sie sieht das Kind dabei als ernst zu nehmenden Menschen.

Eine wertschätzende Grundhaltung

Offensichtlich bietet dieser Versuch einer Unterscheidung zwischen ehrlicher Elternschaft und kontrollierender Elternschaft eine stark verschwimmende Grenze zwischen dem, was gerechtfertigtes Eingreifen in das Leben unserer Kinder und was übergriffiges Kontrollieren unserer Kinder ist. Mit diesem Buch verfolge ich nicht das Ziel, ein konkretes Erziehungskonzept zu empfehlen oder einen Regelkatalog für richtige und falsche Erziehung aufzustellen. Viel lieber möchte ich über eine Grundhaltung Kindern gegenüber sprechen, die ich durch die ganze Bibel hindurch in Gottes Perspektive auf Kinder erkenne.

Wenn Gott Kinder als ernst zu nehmend einschätzt, dann möchte auch ich sie als Mensch in ihrem Sein ernst nehmen. Ich möchte ihnen die Erlaubnis geben, mit Körper, Seele und Geist ihren Platz einnehmen zu dürfen, und euch als meine Leserinnen und Leser ermutigen, dasselbe zu tun. Diese Grundhaltung wird bei jedem von uns zu anderen Schlüssen und zu anderen Wegen führen, unseren Kindern in Liebe zu begegnen. Schützende Liebe ist nicht immer nur leise und sanft. Sie ist auch klar und direkt. Diese Liebe möchte alle Beteiligten schützen. Sie lügt nicht, sie erpresst nicht und sie beschämt nicht.

»Siehst du nicht, wie Gottes Freundlichkeit dich zur Umkehr bewegen will?«, fragt Paulus im Römerbrief (Römer 2,4). Gottes Güte und seine Freundlichkeit sind es, die unsere Sünde aufdecken und unser Herz in echte, freiwillige Buße führen. Mir gelingt es ehrlicherweise selten, meinen Kindern bei unangebrachtem Verhalten mit einer Güte und Freundlichkeit zu begegnen, die sie zur freiwilligen Umkehr führt. Das ist auch in Ordnung. Sosehr Gott uns als Vater eine Inspirationsquelle sein darf, genauso sehr dürfen wir uns daran erinnern, dass nur er Gott ist und wir nicht vollkommen sind – und auch nicht sein müssen – wie er. Wir repräsentieren nicht Gott, sondern das Reich Gottes. Aber Gott, der perfekte Elternschaft lebt, steht uns als Ratgeber dabei zur Seite.

Ein nervenaufreibender Schulstart

Die Sommerferien sind erst seit wenigen Wochen vorbei und die Schule kehrt nach den ersten Tagen wieder zu ihrem Rhythmus zurück. Mein Sohn kommt jeden Tag zwar recht ausgeglichen nach Hause und wendet sich schnell seinen Lieblingsorten in Haus und Garten zu, doch ist seine Frustrationstoleranz sehr gering, und Ärger mit seiner Schwester scheint plötzlich unvermeidbar zu sein. Der Morgen beginnt mühsam, mit einem unzufriedenen Jungen, der seine morgendlichen Erledigungen nicht mit Rücksicht auf die fortschreitende Zeit umsetzt, und der Tag endet mit Quengeln und dem Ignorieren unserer Anweisungen.

Es ist nicht der erste Abend, an dem ich ihn frustriert darauf hinweise, dass ich ihm bereits drei Mal gesagt habe, dass er seine dreckige Wäsche wegräumen soll, während er wieder seinen eigenen Beschäftigungen nachgeht. Als mein Ton strenger wird, platzt der Frust aus ihm heraus, und es scheint von jetzt an unmöglich zu sein, ihn zur Kooperation zu bewegen. In diesem Moment sehe ich ihn. Ich sehe, dass ihn die Umstellung von Ferien zu Schule mit teilweise langen Nachmittagen viel kostet. Ich sehe, dass sein Zimmer deshalb jeden Tag wieder in einem einzigen Chaos endet, weil er sich mit seinen Höhlen Rückzugsorte baut. Er braucht seine Ruhe. Wenn wir ihm dann auch noch unsere elterlichen Anweisungen geben, was er mit Aufräumen, Zähneputzen und Helfen im Haushalt noch alles zu tun hat, schaltet er auf Durchzug.

Mein Sohn will uns nicht ärgern. Er will uns auch nicht ignorieren. Er ist nicht gegen uns, sondern für sich, und versucht, den fordernden Alltag mit seinen eigenen Strategien auszugleichen. Nachdem ich ihn gerade geschimpft habe, sitzt er nun frustriert in seinem Zimmer.

Ich setze mich zu ihm und frage: »Kann es sein, dass das alles ganz schön viel für dich ist mit der Schule, dem Ganztag und dann auch noch den ganzen Erledigungen zu Hause?«

Zum ersten Mal seit über einer halben Stunde endet in diesem Moment das Quengeln in seiner Stimme.

»Und wenn wir dir dann auch noch Aufträge geben, hörst du einfach nicht mehr zu?«

Seine Antwort ist voller Erleichterung darüber, dass wir ihm in seiner bereits vorhandenen Überforderung jetzt nicht auch noch Böswilligkeit unterstellen: »Ja«, sagt er und redet an diesem Abend zum ersten Mal im normalen Ton mit mir und schaut mich dabei an. Er fühlt sich gesehen.

Ich erkläre ihm, dass ich das gut verstehen kann und dass es eine gute Idee von ihm ist, dann seine Höhlen zu bauen, und normal, dass alles jeden Tag aufs Neue in seinem Zimmer kreuz und quer steht. »Manchmal gibt es aber Dinge im Haus zu erledigen, und wenn wir dir Aufträge geben, brauchen wir, dass du uns zuhörst und reagierst.«

Das kann er verstehen. Wir bemerken es daran, dass wir nicht mehr das Gefühl haben, gegen ihn ankämpfen zu müssen. Er hört wieder auf das, was wir sagen, weil er sich auch von uns gehört fühlt.

GOTTES ORDNUNG BRINGT FRIEDEN

»Zur Freiheit hat uns Christus befreit«, lautet die Gute Nachricht (Galater 5,1; LUT). Gott unser Leben zu unterstellen, bringt uns Freiheit. Diese Logik widerspricht dem menschlichen Denken, das Freiheit in Unabhängigkeit findet. Wir können die Idee von respektvoller und wertschätzender Ordnung von Gott für unsere Familien übernehmen.

Kinder sind, vor allem in ihren ersten Lebensjahren, gezwungen, ihren Eltern ihr Leben zu unterstellen. Sie haben nicht die Wahl, ob sie als Säugling Sicherheit bei den Erwachsenen suchen, von denen sie umgeben sind. Sie sind gezwungen, ihren Schutz und ihre Geborgenheit dort zu suchen, wo sie sind. Die Atmosphäre in unserem Miteinander in der Familie darf von echter Wertschätzung geprägt sein, weil wir von Gott gelernt haben, wie wertschätzend sein Blick auf Kinder ist. Diese Wertschätzung bedeutet gleichzeitig nicht, dass die Erwachsenen ihre Rolle als Eltern und Verantwortungsträger für die Familie an ihre Kinder übergeben.

> Wertschätzung für Kinder bedeutet nicht, dass die Erwachsenen ihre Rolle als Eltern und Verantwortungsträger an ihre Kinder übergeben.

Was denn nun: Wertschätzung oder Hierarchie? »Gott ist nicht ein Gott der Unordnung, sondern … des Friedens« (1. Korinther 14,33). Das Gegenteil von Unordnung ist in Gottes Augen nicht Ordnung. Das Gegenteil von Unordnung ist Frieden. Göttliche Ordnung bringt keine Gesetzlichkeit. Gottes Ordnung bringt Frieden. In dieser von Gott gegebenen natürlichen und gesunden Ordnung zu bleiben, in der Eltern die Verantwortung für die Atmosphäre tragen und Kinder ihrer Entwicklung entsprechend ernst genommen, aber nicht mit der Verantwortung überfordert werden, Entscheidungen zu treffen, die Eltern treffen sollten, schafft ein Zuhause des Friedens.

Dieser Weg der Elternschaft ist nicht immer einfach und beinhaltet garantiert, dass wir als Eltern Fehler machen. Manchmal werden wir unserem kleinen Kind zu viel Mitspracherecht einräumen und es mit dieser Verantwortung noch überfordern und manchmal werden wir ein Kind, das den gesunden Prozess der Abnabelung geht, zu sehr bevormunden. Wir sollten uns hier allerdings nicht von der Angst vor solchen Fehlern leiten lassen und dadurch zum vermeintlich sicheren Weg der Elternschaft zurückkehren, in der wir – ohne unser Kind als ernst zu nehmenden Menschen anzuerkennen – nur zwischen richtigen und falschen Verhaltensweisen unterscheiden und dementsprechend maßregeln.

Frieden als göttliche Ordnung bedeutet, dass wir unseren Kindern Eltern sind. Wir sind ihnen Eltern, die durch angemessenes Tragen der Verantwortung in der natürlichen Ordnung bleiben. Wir sind ihnen Eltern, die durch einen wertschätzenden Blick zu Hause eine Atmosphäre des Friedens schaffen.

Der Weg, bei dem wir uns für Liebe und Ehrlichkeit und gegen Kontrolle und Manipulation entscheiden und bei dem wir unsere Kinder mit wertschätzenden Augen ansehen und dennoch in der friedensbringenden Ordnung von Elternschaft und Kindschaft bleiben, schafft Verbindung. Von Gott lernen wir, dass eine Verbindung zu jedem Menschen das ist, wonach er sich sehnt. In unserer Familie dürfen wir beginnen, eine Verbindung zueinander aufzubauen und damit den Weg dafür freizuräumen, dass wir als einzelne Familienmitglieder, Kinder und Erwachsene, eine Verbindung zu Gott finden können.

Gottes Güte geht ihren Weg

Bei allem Einfluss, den wir auf unsere Kinder haben, und bei aller Inspiration, die wir aus unserer eigenen Beziehung zu Gott, dem Vater, schöpfen können, dürfen wir nicht vergessen, dass es nicht in unserer Hand liegt, ob unsere Kinder eine eigene Verbindung zu Gott aufbauen möchten. Das liegt nicht in unserem Verantwortungsbereich. Sie wachsen mit der Zeit immer mehr in ihre Mündigkeit hinein und gehen ihre eigenen Wege. Zu sehen, welchen Einfluss wir auf unsere Kinder und ihr Gottesbild nehmen können, darf uns inspirieren, sollte uns aber nicht entmutigen oder mit Schuldgefühlen zurücklassen. In der Bibel entdecken wir immer wieder, dass Kinder von Menschen, die ganz eng mit Gott verbunden gelebt haben, einen anderen Weg wählten. Ebenso sehen wir dort, dass manche Personen sich trotz ungläubiger Eltern entschieden, nach Gottes Willen zu leben.

> Ob unsere Kinder eine eigene Verbindung zu Gott aufbauen möchten, liegt nicht in unserem Verantwortungsbereich.

Gerade wegen der Unterschiedlichkeit der Charaktere von uns als Eltern und auch von unseren Kindern, die bei aller guten Absicht immer wieder auch zu ungünstigem oder gar verletzendem Verhalten führen wird, bin ich sehr dankbar für den Heiligen Geist als Helfer und Begleiter in meiner Elternschaft. Er geht seinen ganz eigenen Weg mit jedem meiner Kinder und ist nicht davon abhängig, dass ich mich makellos verhalte.

Der Heilige Geist geht auch seinen Weg mit mir. Je mehr ich zum Beispiel Gottes Güte erlebe und verstehe, dass er mich nicht verurteilen, sondern erretten möchte, umso leichter fällt es mir, diese Güte auch für meine Mitmenschen aufzubringen – gerade auch für meine Kinder.

HEILIGER HELFER

Gott – Vater unserer Kinder

»Hast du schon mal was Doofes gemacht, womit du jemand anderem geschadet hast?«, fragte ich meinen Sohn. Es war ein nicht allzu warmer Abend in unserer Unterkunft in der Toskana. Nur für zwei Tage waren wir hier, bevor wir weiterfahren und eine Woche auf Korsika verbringen würden, und nun hatten wir den einzigen komplett verregneten Tag dieses Sommers hier erwischt. Doch das Gespräch dieses Abends ließ mich mit dem Gefühl zurück, dass sich der Urlaub sogar dann gelohnt hätte, wenn wir jetzt bereits wieder nach Hause fahren würden.

Die Antwort auf meine Frage war meinem Sohn klar und er zögerte nicht, sie mir ehrlich zu geben: »Ja.« Mit seinem Bruder hatte ich gerade ausführlich darüber gesprochen, dass Jesus am Kreuz gestorben war. Er wusste nun, dass er die Last seiner Sorgen nicht allein tragen musste, sondern dass Jesus mit seinem Opfer dafür bezahlt hatte, dass mein Sohn seine Gedanken und Sorgen nicht mehr wie einen schweren Rucksack selbst tragen musste.

Nun hatte mein anderer Sohn sich ein paar Minuten zuvor zu meinem Gespräch mit seinem Bruder dazugesellt und diese Gedanken über die Bedeutung des Kreuzes und der Auferstehung Jesu mit angehört. Gott hatte dabei begonnen, zu ihm zu sprechen. Ihm fielen die Themen auf, die sein Leben begleiteten, und Verhaltensweisen, die ihn selbst gefangen zu nehmen schienen. Das Kreuz und die Auferstehung machten für ihn plötzlich auf einer tieferen Ebene Sinn. Ich erklärte ihm, dass Gott immer als allerersten Rat wiederholt hatte: »Habt keinen anderen Gott außer mich.« Das war kein Wunsch nach Untergebenen. Gott redet und handelt nicht aus Narzissmus.

Gott bot jedem Menschen damit einen sicheren Ort an, einen Ort, der von Liebe, von Freiheit und von Frieden geprägt war. Nur unter seiner Herrschaft konnte er diesen sicheren Ort anbieten. Wir sprachen über das erste der Zehn Gebote. Keine anderen Götter neben Gott zu haben, scheint für uns heutzutage auf den ersten Blick ein Leichtes zu sein. Doch der Gott, den wir heute meistens neben Jahwe behalten wollen, sind wir selbst. Auch das traf meinen

Sohn, und es geschah etwas in seinem Inneren. Er wollte nicht mehr sein eigener Gott sein, sondern Gottes Rat befolgen.

Mit den Lehren über das Kreuz, über Buße und über Sünde hatten wir uns als Eltern bisher zurückgehalten. Wir hatten selbst schon zu oft gesehen, dass sie dafür benutzt wurden, Menschen in eine Gefangenschaft von Leitern und Systemen zu führen. Sie öffneten anderen Menschen zu leicht den Weg zu Manipulation und Kontrolle. Martin und ich wollten diese Dinge nicht dafür gebrauchen, unsere Kinder zu einem Leben mit Gott zu überreden, weil sie Angst vor der Hölle oder sonstigen negativen Konsequenzen hatten.

> Gottes Wirken hatte Verhaltensveränderungen hervorgerufen, die kein Erziehungsratgeber uns hätte an die Hand geben können.

Doch in diesem Moment bemerkte ich, dass die Erklärungen zum Kreuz und zum höchsten Gebot für beide Söhne, so unterschiedlich sie auch waren, zu befreienden Erkenntnissen führten. Gottes Angebot, die Lasten von Sorge und Schuld von ihnen zu nehmen, indem sie sich mit ihrem ganzen Sein zu ihm stellten, nahmen sie dankbar an und spürten von diesem Moment an einen Unterschied in sich. Sich Gott zu unterstellen und von ihm abhängig zu machen, war kein Befehl zur Unterwerfung, sondern das Tor in die Freiheit.

Einige Wochen später saß ich mit einer Freundin in der Hängematte unseres Gartens. Unsere Ehemänner arbeiteten gerade daran, unsere neue Feuerstelle zu vollenden, und die Kinder spielten währenddessen im Garten. Ich erzählte ihr, dass ich bei meinem Sohn einen abgeschlossenen kognitiven Entwicklungsschub vermutete. Seit einiger Zeit war mir aufgefallen, dass er sich ohne unsere Aufforderung für Dinge bedankte, die selbst uns Erwachsenen schnell selbstverständlich vorkommen. Wenn er etwas getan hatte, wofür wir ihn zurechtwiesen, entschuldigte er sich sofort, selbstständig und ernsthaft, aber ohne den bedrückenden Ausdruck von Scham. Solche Verhaltensweisen waren neu, und vor allem hatten wir an unserem Umgang mit ihm nichts geändert, was dieses neue Verhalten hätte hervorbringen können.

Einige weitere Wochen mussten vergehen, bevor mir im Gespräch mit derselben Freundin ein Zusammenhang auffiel. Erst jetzt, in Verbindung mit dem dringlichen Wunsch meines Sohnes, sich taufen zu lassen, erzählte ich ihr von dem, was im Sommerurlaub in unserem Sohn passiert war. Meiner Freundin schien ein Licht aufzugehen, und sie sagte mir, dass auch ihr eine Veränderung in meinem Sohn aufgefallen war. Nicht, dass er nicht mehr auf verrückte Ideen kam, dafür hatte er nach wie vor eine aufregend starke Mischung aus Kreativität und Mut in sich, doch seine Haltung wirkte anders. Gottes Wirken in ihm hatte Verhaltensveränderungen hervorgerufen, die kein Erziehungsratgeber uns hätte an die Hand geben können.

Bester Begleiter

> [Der Geist Gottes] bringt in unserem Leben nur Gutes hervor: Liebe, Freude und Frieden; Geduld, Freundlichkeit und Güte; Treue, Nachsicht und Selbstbeherrschung.
> *Galater 5,22-23; HFA*

Die Früchte des Geistes sind Eigenschaften, die der Heilige Geist in uns schaffen kann. Sie sind aber auch aus eigener Kraft hervorzubringen. Es kostet uns unsere ganze menschliche Kraft und erfordert meistens auch möglichst problemfreie Lebensumstände, um diese Früchte aus eigener Kraft im eigenen Leben wachsen zu lassen, es ist aber möglich. Man muss kein Christ sein, um beispielsweise freundlich sein zu können. Der Heilige Geist ist allerdings in der Lage, diese Früchte wachsen zu lassen, ohne dass unsere mentale Stärke oder unsere leichten Lebensumstände dabei die treibende Kraft sind.

Im Umgang mit Kindern brauche ich viele dieser Eigenschaften und auch unsere Kinder brauchen sie. Wir brauchen Selbstbeherrschung, Frieden, Freundlichkeit und all die anderen Dinge – und zwar unabhängig von unserer Lebenssituation: Ich brauche manchmal nicht einfach nur mehr Ruhe, ich brauche Geduld. Mein Kind braucht nicht einfach nur gutes Benehmen, es braucht Selbstbeherrschung. Gott hat zugesagt, uns zu unterstützen, Herr unserer selbst zu werden und unsere Kinder sinnvoll zu begleiten.

Getauft und verändert

Ich war 16 Jahre alt, als ich mich im Rahmen einer christlichen Jugendfreizeit in Holland im Ijsselmeer taufen ließ. Ich kannte Jesus schon lange und hatte ihm schon vor Jahren gesagt, dass ich für immer sein Freund sein wollte. Mit dieser Taufe wollte ich es noch einmal festmachen, weil ich innerlich gespürt hatte, dass das hier für mich etwas Ernstes war. Nach der Freizeit fuhr ich nach Hause und fand mich recht schnell im Schulalltag wieder. Es war bei der Taufe nichts Atemberaubendes passiert. Ich war untergetaucht und wieder aufgetaucht. Auch zu Hause fühlte sich nichts anders an – bis ich ein paar Tage später im Unterricht saß.

Der Lehrer kündigte gerade Referate für die nächsten Wochen an und stand mit seiner Liste an Themen, die nun verteilt werden sollten, vorne. In der Regel verbreitete sich nun leicht panische Hektik im Klassenraum, weil jeder versuchte, ein Thema zu bekommen, das entweder versprach, wenig Arbeit zu beinhalten, oder das im eigenen Interessenbereich lag. Normalerweise war ich in solchen Momenten ganz vorne mit dabei, um eine der Ersten zu sein und das beliebteste Thema zu wählen.

Doch heute war etwas anders. Ich saß zurückgelehnt auf meinem Stuhl, während die Augen der anderen in Windeseile versuchten, die Liste der Themen zu durchforsten. Auf eiliges Melden wurde einer nach dem anderen drangenommen und legte sein Thema fest. Hier hörte man ein erleichtertes Aufatmen und dort ein enttäuschtes Seufzen. Als sich die Hektik gelegt hatte und alle anderen ein Thema gewählt hatten, meldete ich mich als Letzte und sagte, dass ich das Thema nehmen würde, was übrig geblieben war. Ich wusste nicht einmal, welches es war, aber innerlich war ich völlig entspannt. Dieses Gefühl kannte ich in solchen Momenten nicht von mir.

Ich hatte einen neuen Frieden. Ich wusste, dass alles gut gehen würde. Ich hatte keine Angst, zu kurz zu kommen. Das hier war kein Mantra, das ich mir zwanghaft versuchte einzureden. Es war Gott, der nun die Erlaubnis von mir bekommen hatte, in mir zu wirken.

Wir kennen so viele Wahrheiten über Gott, aber nur er kann uns die Tiefe dieser Wahrheiten vom Kopf ins Herz befördern.

Bekanntmachen mit dem Heiligen Geist

Unsere Kinder selbst mit dem Heiligen Geist bekannt zu machen, ist für mich ein entlastender Schlüssel von Elternschaft. Gott ist es, der für immer mit ihnen verbunden bleiben kann. Mein Einflussbereich ist zeitlich und räumlich begrenzt. Seiner ist es nicht. Er ist der beste Ratgeber, der beste Tröster und der beste Fürsprecher. Er ist es, der uns zu Gott, dem Erlöser, dem Hirten, dem Allmächtigen, führt.

KEIN PAUSCHALREZEPT

Zu gerne wüssten wir immer ganz genau, was richtig und was falsch ist, wie wir richtig mit jedem unserer Kinder umgehen, und zu gerne würden wir es dann auch schaffen, keine Fehler in unserer Elternschaft zu machen. Das ist allerdings leider unmöglich. Wir können als Prinzipien festhalten, dass wir Kinder ernst nehmen und sie nicht manipulieren, dass wir dabei aber unsere Verantwortung als Eltern nicht abgeben. Dennoch gibt es kein allgemeingültiges Pauschalrezept dafür, wie wir unsere Kinder begleiten sollten.

> Gott kennt uns und unsere Kinder. Er steht uns als bester Ratgeber zur Seite, um den Weg mit uns gemeinsam zu gehen.

Selbst wenn wir voller neuer Erkenntnisse darüber sind, wie berechtigt es ist, Kinder ernst zu nehmen, weil Gott es auch tut, hilft uns das nicht automatisch dabei, im Alltag neue Lösungswege und Begegnungsflächen in der Familie zu schaffen. So gerne ich hier die zehn nötigen Schritte beschreiben würde, die all unsere Probleme in christlicher Elternschaft lösen, so schnell muss ich davon wieder Abstand nehmen. Vielmehr darf ich uns alle wieder daran erinnern, dass Gott der ist, zu dem wir dafür gehen müssen.

Er kennt uns, er kennt unsere Kinder und unsere Familien. Er kennt unsere Geschichte, er kennt unsere Zukunft und er ist in unserer Gegenwart präsent. Häufig löst er zwar nicht alle Probleme für uns, aber er steht uns als bester Ratgeber zur Seite, um den Weg mit uns gemeinsam zu gehen. Er ist es, den wir und unsere Kinder brauchen, nicht ein pauschales 10-Schritte-Programm zum Erfolg. Gemeinsam mit unseren Kindern können wir uns auf den Weg machen, ihn in unserem Alltag zu entdecken. Wir werden bemerken, dass er schon lange dabei ist und dass er spricht.

Tiefer gehen

Matthäus 18,1-11: Wer ist der Größte in Gottes Reich?

1. Mose 21: Hagar mit Ismael in der Wüste

1. Korinther 6,19: Wir sind der Tempel des Heiligen Geistes

Matthäus 22,37: Ein hingegebenes Leben

1. Johannes 4,18: Liebe hat keine Angst vor Strafe

Römer 2,4: Gottes Güte führt zur Umkehr

Matthäus 4,17: Jesus ruft zur Buße auf

2. Mose 20,3: Das höchste Gebot

Galater 5,1: Zur Freiheit hat uns Christus befreit

1. Korinther 14,33: Unordnung und Frieden

Galater 5,23: Die Früchte des Geistes

8 Himmlisches Dorf

FAMILIE SCHÜTZT

Im Zusammenhang mit Mobbing unter Kindern und Jugendlichen sprach eine Psychologin einmal davon, dass das Risiko, zum Opfer von Mobbing zu werden, sinkt, wenn Kinder in Freundschaften gut angebunden sind. Anbindung schafft einen Schutzraum.

Ähnliches macht eine Aussage von Paulus in der Bibel deutlich. Paulus erklärte in einem Brief an die Gemeinde in Korinth, in der sexuelle Ausschweifung weit verbreitet war und dem Ruf der Gemeinde schadete, wie sie mit jemandem umgehen sollte, der sich weigerte, von seinem Leben voller bewusster Sünde umzukehren. Unabhängig davon, wann Paulus' Rat sinnvoll sein mag und wann nicht, ist die Ausdrucksweise, die Paulus im Zusammenhang mit der Kraft von Kirche als Schutzraum gebraucht, sehr aufschlussreich. Die Person, die aufgrund ihres Unfrieden bringenden Verhaltens aus der Gemeinde ausgeschlossen wird, wird in den Worten von Paulus »dem Satan übergeben« (1. Korinther 5,5). Diese Textstelle las ich früher eher als Drohung und Strafe, bis ich irgendwann den Eindruck hatte, dass es sich um eine logische Folge handelte. Wer nicht Teil der Gemeinschaft ist, befindet sich außerhalb des Schutzraumes und ist somit dem Satan überlassen.

Freundschaft, Kirche und Familie, sie alle bieten einen Schutzraum. Es ist gut, diesen erweiterten Schutzraum zu haben, denn genauso wie es laut einem afrikanischen Sprichwort ein ganzes Dorf braucht, um ein Kind zu erziehen, ist für die geistliche Entwicklung unserer Kinder mehr als die Kernfamilie hilfreich.

Die Kinder der anderen

»Mama, jetzt tu mal nicht so freundlich«, ruft mir mein Sohn am Esstisch in Anwesenheit der Freundin seines Bruders zu. Wie häufig nach der Schule ist sie mit zu uns nach Hause gefahren, um hier mit meinem Sohn unseren Garten und unser Haus in eine Landschaft selbst gebauter Hütten zu verwandeln. Sie hatte mir eine Frage gestellt, auf die ich in den Augen meines Sohnes offenbar unerwartet verständnisvoll reagiert hatte. Mein Sohn bringt es auf den Punkt, auch wenn ich nicht stolz darauf bin. Mit den Kindern anderer fällt es mir manchmal leichter, geduldig zu bleiben. So gut, wie er mich kennt, ahnt er, dass ich dieselbe Frage aus seinem Mund vermutlich knapper beantwortet hätte. Zugegeben, geduldiges Erklären ist zur Zeit nicht die Tugend, mit der ich mich am meisten rühmen kann.

Manchmal fällt es uns leichter, mit den Kindern anderer geduldiger zu sein. Diese Feststellung kenne ich nicht nur von mir, sondern höre sie auch von anderen Eltern immer wieder. Das ist keine Rechtfertigung dafür, Geduld und Freundlichkeit nicht auch zu Hause einzuüben. Dennoch führt mich diese Feststellung dazu, unser Umfeld an Menschen als wertvollen Schatz zu sehen. Ich empfinde es als große Bereicherung, wenn Menschen über ihre Familie hinaus füreinander da sind.

Wir brauchen einander. Als Mutter brauche ich andere Erwachsene, die mein Kind in seinem Sein und auch in seinen Stärken sehen und unterstützen. So, wie es mir manchmal besonders leichtfällt, mit den Kindern anderer geduldig zu sein, ebenso sind andere in der Lage, mein Kind mit einem Blick zu sehen, der nicht vom Alltag und seinen Herausforderungen geprägt ist.

Familie ist aus Blut und Wasser

Familie ist Gottes Idee. Menschen von Geburt an in einen Verbund zu setzen, der sich füreinander verantwortlich fühlt, unabhängig von gemeinsamen Hobbys oder gemeinsamer Wellenlänge, hat er sich ausgedacht. Wenn dann auch noch Freunde anfangen, sich wie Familie anzufühlen, dann sind wir doppelt reich beschenkt. Freunde, die unsere Kinder erleben und die Freunde bleiben, obwohl sie unsere Macken nur zu gut kennen, sind ein großer Schatz.

Familie ist ein Geschenk. Familie muss nicht wie »Vater, Mutter, Kind« aussehen. Sie kann ganz unterschiedliche Gesichter haben und braucht durch Gottes Gnade nicht einmal Blutsverwandtschaft. Familie braucht Menschen, die bereit sind, füreinander da zu sein, auch wenn es sie etwas kostet. Familie braucht Menschen unterschiedlicher Reifestufen, die sich gegenseitig in dem segnen, womit sie von Gott gesegnet wurden.

> Dies schreibe ich euch, meine geliebten Kinder, weil ich weiß, dass eure Sünden durch Jesus Christus vergeben sind. Euch Vätern schreibe ich, weil ihr den kennt, der von Anfang an da war. Ich wende mich aber auch an euch, ihr jungen Leute; denn ihr habt den Teufel besiegt. Ich will es noch einmal sagen: Euch Kindern schreibe ich, weil ihr den Vater kennt; ebenso wende ich mich an euch Väter, weil ihr den kennt, der von Anfang an da war. Und euch, ihr jungen

> Leute, schreibe ich, weil ihr im Glauben stark geworden seid. Gottes Wort wohnt in euch, und ihr habt den Teufel besiegt.
> *1. Johannes 2,12-14;* HFA

Johannes, einer der zwölf Jünger Jesu, beschreibt hier die Stärken der verschiedenen Generationen. Er spricht die Kinder an, die vor Gott rein sind und den Vater kennen. Er spricht die Jugendlichen oder jungen Erwachsenen an, die durch das Wort Gottes im Glauben gereift sind und das Böse besiegt haben. Er spricht die Eltern an, die Gott nicht nur ein paar Mal begegnet sind, sondern die ihn als Schöpfer, als ihren Hirten und als ihren Herrn kennen.

Dass Gott seinen Geist ausgegossen hat, ermöglicht, dass Menschen Familie füreinander werden können. Gott beginnt, in unserem Alltag sichtbar zu werden, wenn wir füreinander da sind und uns in Freude und in Leid begleiten. »Niemand hat Gott je gesehen. Aber wenn wir einander lieben, dann bleibt Gott in uns, und seine Liebe kommt in uns zur Vollendung« (1. Johannes 4,12). Auch wenn niemand Gott gesehen hat, war es Gottes Idee, dass sein Wesen und seine Liebe dadurch für unsere Augen sichtbar werden, dass wir einander lieben und füreinander da sind.

Dass Gott seinen Geist ausgegossen hat, ermöglicht, dass Menschen Familie füreinander werden können.

Wenn Freunde Familie werden

Es war bereits die zweite große Operation in ihrem Leben gewesen. Von einem Ohr zum anderen quer über den Kopf hatte sie nun deutlich sichtbar die unverbundenen frischen Wunden und Nähte an ihrem Kopf. Wie jeden Sonntag marschierte sie heute allerdings, als ob nichts gewesen wäre, in die Räumlichkeiten unserer Kirchengemeinde in der Dortmunder Nordstadt. Ihre Familie und die anderen Familien, Studenten und Nachbarn aus der Nordstadt betraten nach und nach den großen Raum mit seinen vielen großen Fenstern. Die Kinder rannten umher, einige Erwachsene holten sich schon vor Beginn des Gottesdienstes ihren ersten Kaffee und andere machten es sich bereits an den Tischgruppen gemütlich.

Ich unterhielt mich gerade mit zwei befreundeten Vätern, deren kleine Kinder hier zusammen mit meinem Kind herumsprangen, als beide plötzlich mitten im Gespräch einen Satz nach hinten machten. Sie hatten gesehen, wie die Tochter unserer Freunde mit ihrem Kopf voll frischer Operationswunden dem Kicker gefährlich nah gekommen war. Ohne zu zögern, waren sie hingesprungen, um beide ihre Hand schützend zwischen den Kopf des kleinen Mädchens und die harten Plastikgriffe des Fußballtischs zu halten. Diese Griffe befanden sich genau auf der gleichen Höhe wie der Kopf der knapp Zweijährigen. Ihre Eltern hatten niemanden darum gebeten, nach ihr und ihrer Wunde zu schauen. Wie selbstverständlich waren die beiden Väter ohne Aufforderung aufmerksam dazwischengesprungen, um dieses Kind ihrer Freunde zu schützen, so, wie sie es auch bei ihren eigenen Kindern getan hätten.

WENN GENERATIONEN SICH WERTSCHÄTZEN

Gott ist real. Diese Wahrheit möchten wir unsere Kinder erleben lassen. Gott ist uns nah und beschenkt uns im Alltag nicht nur mit seiner Gegenwart, sondern auch mit seinem Rat, mit seiner Begleitung und mit der Fähigkeit zu erkennen, wozu er die Menschen um uns herum berufen hat. Gott gießt sich sozusagen selbst aus auf Menschen.

Gott offenbarte in der Bibel einen unglaublichen Schlüssel für Segen und ein Zeichen dafür, dass der Geist Gottes ausgegossen wird. Zu finden ist dieses Zeichen an einem erstaunlich unauffälligen und alltäglichen Ort: nämlich in der Familie.

Eli und seine Söhne

Erinnern wir uns an Eli: Er war der Priester, der den Propheten Samuel als kleines Kind in seine Obhut genommen hatte. Eli und seine Söhne sind im Alten Testament ein Beispiel dafür, dass die Verbindung der Eltern zu Gott nicht automatisch bedeutet, dass die Kinder leichter eine eigene Verbindung zu Gott finden. Die Söhne Elis waren für ihre schändlichen Taten im ganzen Volk bekannt. Sie behandelten die Israeliten nicht respektvoll, sie schliefen mit vielen Frauen und hielten sich nicht an die Regeln, die Gott für die Opfergabe vorgegeben hatte, indem sie zum Beispiel von dem Fleisch und Fett, das geopfert worden war, etwas für sich behielten.

Diese zuletzt genannte, scheinbar nebensächliche Anmerkung ist mir erst kürzlich zum ersten Mal sehr bewusst geworden. Ich hatte an einem ruhigen Vormittag die Bibel, ohne einer bestimmten Reihenfolge beim Lesen zu folgen, im Alten Testament aufgeschlagen und las nun im dritten Buch Mose die Anweisungen Gottes für die verschiedenen Opfer. Zum ersten Mal fiel mir die wiederkehrende Aufforderung auf, dass man beim Opfern nichts vom Fett oder Fleisch des Opfertieres für sich behalten sollte. Meine Neugierde war geweckt, und ich fragte mich, warum Gott das so wichtig zu sein schien. Nachdem mir beim weiteren Lesen keine direkte Antwort begegnete, legte ich die Bibel zur Seite und ging an diesem Vormittag weiter meinen Erledigungen und meiner Arbeit nach.

Einige Stunden später, noch am gleichen Tag, las ich wieder in der Bibel. Diesmal aber, um an diesem Buch weiterzuschreiben.

In 1. Samuel wollte ich noch einmal nachlesen, wie es dazu kam, dass Samuel als Kind von seiner Mutter Hanna zum Priester Eli in den Tempel gebracht wurde. Meine Frage bezüglich des Opferfleisches hatte ich nicht mehr im Kopf und konzentrierte mich ganz auf diese neue Passage. Doch auch hier begegnete mir wieder ein Satz, der neue Fragen in mir weckte. Ich las, welche Botschaft Gott Samuel offenbarte, nachdem er nachts mehrmals seinen Namen gerufen hatte. Diese Botschaft Gottes hatte es ganz schön in sich, vor allem, wenn man bedachte, dass Gott hier gerade mit einem Minderjährigen sprach.

Gott sagte Samuel, dass das Verhalten der Söhne Elis für ihn nicht mehr tolerierbar war und auch zu lange von Eli toleriert worden war. »Was hatten die Söhne Elis eigentlich so Schlimmes getan?«, fragte ich mich und blätterte interessiert in den vorausgehenden Kapiteln umher, um darauf eine Antwort zu finden. In 1. Samuel 2,12-17 fand ich sie. In ganzen fünf Versen wurde hier beschrieben, was eine der großen Sünden war, die die Söhne Elis begangen hatten. Sie hatten etwas vom Fleisch und Fett der Opferungen für sich behalten. Sie hatten Gott nicht vertraut, dass seine Vorgaben einen Sinn haben, und missachteten Gott und seine Instruktionen. Sofort dachte ich an meine Recherchen am Vormittag und sah in diesem zufälligen Blättern und den zusammenhängenden Themen, dass Gott zu mir sprach.

Die Söhne des großen Propheten Elis hatten nicht erkannt, welche Berufung Gottes auf dem Leben ihres Vaters lag, und ihre Herzen waren ihrem Vater nicht zugewandt. Viele Menschen aus dem Volk Israel kamen aufgrund der Sünden der Söhne Elis nicht mehr zu den regelmäßigen Opferungen und blieben dem Haus Gottes fern. Elis Söhne entweihten mit ihren Sünden die Stiftshütte, also den Ort, an dem Gott unter dem Volk wohnte und an dem man ihm begegnen konnte.

Genauso wie in der Familie Entfremdung und Abneigung entstehen und Menschen aneinander und an Gott schuldig werden können, ist dies aber auch der Ort, an dem Gott die Heilung von Beziehungen und die Neubegegnung mit ihm schenken möchte:

> Doch bevor der große und schreckliche Tag des Herrn kommt, sende ich euch den Propheten Elia. Er wird die Herzen der Väter ihren Kindern und die Herzen der Kinder ihren Vätern zuwenden, damit ich bei meinem Kommen nicht das Land vernichten muss.
> *Maleachi 3,23-24*

Das sind die Worte, mit denen das Alte Testament endet. Die Herzen der Kinder und der Eltern werden wieder zueinandergewandt, und das im Geist des Elia, so weit die Verheißung.

Was hat Elia nun damit zu tun? Elia war der Prophet des Alten Testaments, der den Kult rund um den Götzen Baal, der unter dem damaligen israelischen König Ahab herrschte, mit einem eindrucksvollen Wunder vor dem ganzen Volk und allen Baalspriestern beendet hatte. Elia hatte nicht nur die Stiftshütte als einzigen Ort der Anbetung mit Jahwe als einzigem Gott, der anzubeten war, wieder geweiht, er hatte das ganze Land wieder zu seinem Gott umkehren lassen.

Wie von Maleachi angekündigt, würde wieder geschehen, was unter Elia schon einmal geschehen war: Gott würde als einziger Gott anerkannt, alle anderen Götzen zerstört und das Haus Gottes wieder heilig sein. Das geheiligte Haus Gottes hatte auf der einen Seite für die geistliche Ordnung und damit für den Frieden des Landes eine große Bedeutung (vergleiche 1. Korinther 14,33). Gott an erste Stelle zu stellen und keine anderen Götter neben ihm zu haben, stellte also mit der geistlichen Ordnung auch den Shalom, den Frieden, im Land wieder her. Das geweihte Haus Gottes bedeutete gleichzeitig aber auch, dass die Menschen sich diesem Haus Gottes wieder regelmäßig nähern würden, sie also in Gemeinschaft mit Gott waren und ihm wieder regelmäßig begegnen würden.

Maleachi verrät, woran die Erfüllung seiner Prophetie zu erkennen sein wird: Wenn Eltern und Kinder sich miteinander versöhnen, wird man Gottes Wirken erkennen. Wenn sie einander anerkennen in dem, womit Gott sie gesalbt hat, und nicht die Fehler von Elis Söhnen wiederholen, dann wird man Gottes Wirken erkennen. In der Familie können wir Gottes Eingreifen ins Geschehen der Welt erkennen. Dadurch wird das Haus Gottes, der Ort, an dem Menschen in Gemeinschaft in Gottes Gegenwart kommen, wieder geweiht sein. Das Haus Gottes ist heute nicht mehr die Stiftshütte oder der Tempel. Es ist noch nicht einmal in erster Linie die Kirche, auch wenn Begegnung mit Gott auch dort stattfindet. Das Haus Gottes ist dort, wo mindestens zwei Menschen, als der Tempel des Heiligen Geistes (1. Korinther 6,19), im Namen Jesu zusammenkommen: »Denn wo zwei oder drei zusammenkommen, die zu mir gehören, bin ich mitten unter ihnen« (Matthäus 18,20). Auch Familie ist dieser Ort.

In der Familie können wir Gottes Eingreifen ins Geschehen der Welt erkennen.

Wieder wird die Folge vom geheiligten Haus Gottes sein, dass Menschen regelmäßig an diesen Ort kommen, in die Gemeinschaft mit Menschen und mit Gott und damit in den von Gott geschenkten Schutzraum.

Die Verknüpfung zwischen Eli und seinen Söhnen einerseits und der Prophezeiung Maleachis andererseits endet an dieser Stelle allerdings noch nicht. Im Neuen Testament wird das Thema, das das Alte Testament mit seinem letzten Bibelvers beendet hatte, nun noch vor Jesu Geburt wieder aufgegriffen. Wieder finden wir es in der Beziehung zwischen einem Priester und seinem Sohn.

Zacharias und sein Sohn

Zacharias, der Vater von Johannes dem Täufer, musste aufgrund seines Unglaubens einige Monate ohne zu sprechen, auskommen. In dieser Phase, in der Gott eine wichtige Erkenntnis vorbereitete, war es nämlich wichtig, dass die Worte, die gesprochen wurden, im Glauben geäußert wurden. Der Engel Gabriel war direkt davor zu Zacharias gekommen und hatte ihm angekündigt, dass seine Frau Elisabeth schwanger werden würde. Der Engel offenbarte Zacharias auch, welche Berufung Gott auf das Leben des Kindes legen würde: »Schon im Mutterleib wird er mit dem Heiligen Geist erfüllt sein. Viele Israeliten wird er zum Herrn, ihrem Gott, zurückführen. Erfüllt mit dem Geist und der Kraft des Elia, wird er vor dem Herrn hergehen. Durch ihn werden sich die Herzen der Väter den Kindern zuwenden, und die Ungehorsamen werden ihre Gesinnung ändern und sich nach denen richten, die so leben, wie es Gott gefällt. So wird er dem Herrn ein Volk zuführen, das für ihn bereit ist« (Lukas 1,15-17; NGÜ).

Diese Begebenheit offenbart uns die große Relevanz, dass wir die Berufung unserer Kinder erkennen. Sie zeigt uns auch, welche Autorität in unseren Worten steckt, sowohl zum Guten, mit Worten der Ermutigung und Bestätigung, als auch zum Schlechten, mit ungläubigem Infragestellen von dem, was Gott im Leben unserer Kinder tun möchte. Gott musste während dieser neun Monate der Schwangerschaft Elisabeths mit Johannes sichergehen, dass Zacharias als Vater seine Worte nicht dazu gebrauchen würde, über das, was Gott vorhatte – und was zum jetzigen Zeitpunkt ja noch nicht sichtbar war –, zu viel im Unglauben zu sprechen. So wird er stumm. Neun Monate lang.

Als das neugeborene Baby Johannes dann kurz nach seiner Geburt beschnitten wird, folgt Zacharias der Anweisung des Engels, das Kind nicht so, wie es üblich war, ebenfalls Zacharias, sondern Johannes zu nennen. Von diesem Moment an kann Zacharias wieder sprechen. Was spricht er jetzt? Er wird vom Heiligen Geist erfüllt und prophezeit über seinem Kind. Zacharias erkennt sein Kind. Er erkennt, welche Berufung Gott diesem Kind gegeben hat. Sein Herz ist seinem Sohn zugewandt, so, wie Maleachi es beschrieb (Maleachi 3,23-24). Zacharias erkennt in diesem geisterfüllten Moment, dass mit Johannes eine Zeit beginnt, die Gott durch seine Propheten vorhergesagt hatte.

> Gelobt sei der Herr, der Gott Israels, denn er ist zu seinem Volk gekommen und hat es erlöst. Einen mächtigen Retter aus dem königlichen Geschlecht seines Knechtes David hat er uns gesandt, wie er es vor langer Zeit durch seine heiligen Propheten versprochen hat. ... Und du, mein Kind, wirst Prophet des Allerhöchsten genannt werden, weil du dem Herrn den Weg ebnen wirst. Du wirst seinem Volk verkünden, wie es Rettung finden kann durch die Vergebung seiner Sünden. Durch die Güte und Barmherzigkeit Gottes wird nun das Licht des Himmels uns besuchen, um die zu erleuchten, die in der Dunkelheit und im Schatten des Todes sitzen, und um uns auf den Weg des Friedens zu leiten.
> *Lukas 1,68-69.76-79*

Die Berufung, die Zacharias nun in seinem Sohn erkennt, ist die, den Weg zu Gott zu ebnen. Ich glaube, dass genau das geschieht, wenn wir als verschiedene Generationen – sei es als Eltern, Großeltern, Freunde, Lehrer oder Mitarbeiter in der Kirche – unsere Augen für das öffnen, was Gott uns über unsere Kinder zeigt: Der Weg, um Gott zu begegnen, wird geebnet und der Weg für Gottes Wirken in unserem Leben wird frei.

Als Erwachsene sind wir eingeladen, uns im Glauben daran, was Gott uns über unsere Kinder offenbart, hinter sie zu stellen.

Geistliches Erbe

Der Prophet Eli war von Gott gesalbt, und Gottes Idee war es, dass diese Salbung auch in der nächsten Generation ihre Entfaltung finden würde. Gott ließ sich nicht davon aufhalten, dass die Söhne Elis ihre Mündigkeit dazu nutzten, ihre eigenen Wege zu gehen und Gottes Wirken in ihrem Vater nicht zu erkennen. Gott beschenkte Eli mit einem Sohn, mit Samuel, der nicht sein leiblicher Sohn war, doch der das geistliche Erbe Elis erkennen und annehmen würde. Gottes Idee von Familie ist, dass wir uns als verschiedene Generationen in dem segnen, was wir als das erkennen, wozu Gott uns berufen hat. Dieser generationsübergreifende Segen ist nicht von Blutsverwandtschaft abhängig.

Eine weitere von Gottes Geist geprägte Eltern-Kind-Beziehung spielt in diesem Zusammenhang eine wichtige Rolle: Das hingegebene Herz einer Mutter, Hanna, ermöglichte es Gott, das geistliche Erbe von Eli nicht verschwenden zu lassen. Ihr Sohn, Samuel, erhielt so das Erbe Elis. Falls Samuels Mutter Hanna in den ersten Lebensjahren ihres Sohnes jemals an ihrer Entscheidung, Samuel Gott zu weihen, gezweifelt hatte, so wurde sie im Laufe seines Lebens immer wieder daran erinnert, wie wertschätzend Gott die Hingabe dieser Mutter ansah. Er hatte ihr Rufen gehört, hatte ihr Opfer mit dankenden Händen angenommen und daraus einen Segen für ein ganzes Volk geformt.

Gottes Idee von Familie ist, dass wir uns als verschiedene Generationen segnen. Dieser Segen ist nicht von Blutsverwandtschaft abhängig.

Wenn der Geist Gottes kommt

> »In den letzten Tagen«, spricht Gott, »werde ich meinen Geist über alle Menschen ausgießen. Eure Söhne und Töchter werden weissagen, eure alten Männer werden prophetische Träume und eure jungen Männer Visionen haben. In diesen Tagen werde ich meinen Geist sogar über Diener, ob Mann oder Frau, ausgießen, und sie werden weissagen.«
> *Joel 3,1-2*

Mehrmals sagt Gott in der Bibel voraus, dass er seinen Geist schicken und Menschen geistlich erwecken wird. Das Zeichen für die Ausgießung des Geistes und für die erweckten Herzen ist, zumindest in dieser Bibelstelle, erstaunlicherweise nicht in der Kirche, im Märtyrertum oder in großen, beeindruckenden Menschenmengen zu finden. Es ist zu Hause zu finden. Wenn Eltern und Kinder ihre Herzen zueinanderwenden und wenn sowohl die Kinder als auch die Eltern beginnen, Gottes Reden wahrzunehmen, dann können wir erkennen, dass Gottes Geist wie vorhergesagt wirkt.

Diese Bibelstelle in Joel wird in der Auslegung nicht immer automatisch auf Familien bezogen. Ich möchte diese konkrete Auslegung aber wagen, auch wenn das nicht bedeuten muss, dass hier ausschließlich und exklusiv von Familie die Rede ist. Joel spricht an dieser Stelle aber nicht einfach nur von Älteren und Jüngeren, sondern benennt selbst das Modell Familie, indem er die Begriffe Söhne und Töchter verwendet. Auch das Einbeziehen von Dienern spricht für mich nicht für eine zufällige Auflistung verschiedener Berufe. Neben den verschiedenen Generationen, die in der damaligen Kultur in einem engen Verbund lebten, waren auch Diener, »ob Mann oder Frau«, fester Teil des familiären Alltags. Sie alle bildeten zusammen ein »Haus«, eine Sippe, ein Dorf – die Familie im weiteren Sinne.

Gottes Versprechen in Verbindung mit dem Ausgießen seines Geistes war: In der Familie werdet ihr sie finden, die Erweckung. So wie die Heilsgeschichte in einem Stall zwischen Mutter, Vater und Tieren begann, so geht sie genau an diesem Ort weiter. Im Alltag, außerhalb von Dienst und Erfolg, in der Mitte derer, die als kleinste verbindliche Gemeinschaft zusammengestellt wurden, sei sie nun leiblich oder nicht. Nicht unsere fehlerlose Erziehung offenbart sie und auch nicht das makellose Verhalten unserer Kinder. Das Wirken Gottes in allen Generationen, unabhängig von Titel, Geschlecht oder Bildung, offenbart der Welt: Gott ist real und er ist nah.

HIMMLISCH SEHEN

Erkenne mich

Es könnte so vieles darüber gesagt werden, wie wir Kinder mit christlicher Perspektive begleiten können, und vieles davon wären sicher hilfreiche Gedanken. Es darf auch gerne viele Bücher darüber geben, wie wir ganz praktisch Elternschaft leben können, um unsere Kinder möglichst gut zu begleiten. Ein paar meiner Gedanken und Erkenntnisse dazu teile ich zwar in diesem Buch, dennoch habe ich viele Absätze bereits geschrieben und wieder gelöscht, weil ich immer wieder zu dieser einen Erkenntnis zurückkehren muss: Wenn wir nicht anfangen, unsere Kinder mit Gottes Blick zu sehen, ist der Kern dieser heiligen Zeit der Elternschaft vertan.

Wenn wir nicht anfangen, unsere Kinder mit Gottes Blick zu sehen, ist der Kern dieser heiligen Zeit der Elternschaft vertan.

Wir haben einen Platz in der ersten Reihe des Lebens eines neuen Menschen und können ihn kennenlernen wie wenige Menschen sonst. Die Kindheit und Jugend eines Menschen offenbart wertvolle, ungefilterte Tiefen des Seins eines Menschen, mit all seinen Schätzen und seinen Hässlichkeiten. Wenn wir es schaffen, uns in dieser Zeit nicht von unreifem Verhalten ablenken zu lassen, und uns immer wieder zu Gott wenden, um seine Brille für die Schätze dieses Menschen aufgesetzt zu bekommen, dann machen wir Kindern ein unvergleichliches Geschenk. Auch darin geschieht die Erfüllung dessen, was Maleachi voraussagte, als er prophezeite, dass Eltern und Kinder ihre Herzen zueinanderwenden werden. Sie werden beginnen, einander so zu sehen, wie Gott sie gemacht und wozu er sie berufen hat.

Das Schöne an dieser Erkenntnis ist, dass es nie zu spät ist, damit anzufangen. Selbst wenn wir 90 Jahre alt sind und unsere Kinder bereits auf ihre Rente zugehen, wird es ihnen unglaublich viel bedeuten, von ihren Eltern als die gesehen und angenommen zu werden, als die Gott sie gemacht und das Leben sie geformt hat. In meiner Tätigkeit als Coach habe ich gelernt, dass Menschen sich nach zwei Dingen sehnen. Menschen möchten Bestätigung und Erlaubnis. Sie möchten die Bestätigung bekommen, dass sie so, wie sie sind, in Ordnung sind, und sie sehnen sich nach der Erlaubnis, dieses Selbst leben zu dürfen. Was dahintersteckt, ist sogar ein noch banaler zusammenzufassender Wunsch der Seele: »Erkenne mich.«

Menschen möchten gesehen werden. Familie ist der erste Ort, an dem diese Begegnung stattfinden kann. Gleichzeitig habe ich immer wieder gesehen, dass Gott dort einspringt, wo Menschen versagt haben, einem anderen Menschen in diesem Sehnen zu begegnen. Manchmal tut er es, indem er uns mit anderen Menschen als nur unserer eigenen Familie umgibt, um uns zu versorgen und sich darin für uns mit seiner Nähe und seiner Liebe zu zeigen. So wie im Leben des kleinen Königs Joas umgibt er auch uns mit einem Netzwerk an Menschen, die uns schützend, segnend und bestätigend zur Seite stehen. Und manchmal tut er es höchstpersönlich, indem er durch die verschiedenen Wege, durch die er zu jedem von uns ganz persönlich spricht, in eine direkte Begegnung mit uns geht.

> Du bist ein Gott, der mich sieht.
> *1. Mose 16,13; LUT*

Die uns anvertrauten Kinder wahrzunehmen und anzunehmen bedeutet nicht, dass wir immer mit allem übereinstimmen werden, was sie tun. Sie sind selbstständige Menschen, und das wird uns spätestens bei ihrem Auszug mehr als bewusst werden. Wir können die Schätze, die Gott in unsere Kinder gelegt hat, sehen und anerkennen, unabhängig davon, ob ihr Verhalten dem entspricht. Ihre Lebensentscheidungen und ihr Verhalten liegen nicht in unserer Hand. Wir dürfen sie prägen und begleiten und können hoffen und darum beten, dass sie Gott als lebenslangen Begleiter wählen und vielleicht nicht nur ihm, sondern auch uns Eintritt gewähren in ihr Leben und ihr Herz.

Erkenne, was Gott tut

Gott liebt es offenbar, sein Wirken an Orten zu verstecken, an denen man es nicht suchen würde. Gott, der Vater, versteckte den Messias als Baby in einem Stall. Der Sohn, Jesus, versteckte seine Botschaften in Geschichten. Der Heilige Geist versteckt sein Erscheinen in Familien.

Warum tut Gott das? Die Antwort liegt wieder darin, dass er die Dinge oft anders bewertet als wir. Er sagt, die Letzten werden die Ersten sein und die Ersten werden die Letzten sein. Er erinnert uns daran, auf die Geringgeschätzten nicht herabzusehen. Gott fordert uns heraus, ein demütiges Herz zu behalten. Erst mit einem demütigen Herzen sind wir in der Lage, ihn zu erkennen. Gott selbst beschreibt dem Propheten Jesaja einmal, dass es tatsächlich passieren kann, dass Gott etwas tut, die Menschen es aber nicht erkennen. »Doch für mich, den Herrn, haben sie keinen Gedanken übrig; was ich in der Welt tue, nehmen sie nicht wahr« (Jesaja 5,12; HFA).

Wenn wir uns bewusst dafür öffnen, Gottes Wirken in unserem Alltag finden zu wollen, dann genügt das, um ihn zu finden. Wenn wir unseren Blick auf ihn richten, dann können wir sein Tun erkennen. Wenn wir hinschauen, dann werden wir sein Wirken wahrnehmen. Gott versteckt sich und sein Wirken nicht, damit es schwer ist, ihn zu finden. Er versteckt es, damit es diejenigen Herzen finden, die wahrhaftig nach ihm suchen. Die, die sich danach sehnen, zu schmecken und zu sehen, wie freundlich der Herr ist. »Wenn ihr mich sucht, werdet ihr mich finden; ja, wenn ihr ernsthaft, mit ganzem Herzen nach mir verlangt, werde ich mich von euch finden lassen« (Jeremia 29,13-14).

Gott kommt in Familien

Gott möchte uns begegnen. Er möchte mehr sein als ein beruhigendes Gedankenkonstrukt. Er möchte eine Verbindung zu unseren Herzen haben. Er möchte uns kennen und von uns gekannt sein.

Gott hat Kindern himmlische Antennen gegeben. Sie haben bereits alles, was sie brauchen, um ihn wahrnehmen zu können. Sie brauchen, genau wie wir, Begegnungen mit dem lebendigen Gott, damit der Glaube für ihr Leben einen Unterschied macht.

Gott nimmt Kinder ernst. Intellekt und Bildung sind keine Voraussetzung, um Gottes Herz und seine Botschaft begreifen zu können.

Gott möchte mit uns verbunden sein. Der Weg zu ihm ist frei, für jede Generation und jeden Typ Mensch.

Gott hat Kindern geistliche Autorität gegeben. Immer wieder erwählt er sie, um zu sprechen, weil er in ihnen Glauben findet.

Gott spricht. Wir können lernen, sein Reden in unserem Alltag zu erkennen, und wir können eine Atmosphäre schaffen, in der er frei ist zu wirken.

Gott gibt Kindern Berufung. Wir dürfen sie darin begleiten, Gott und sein Wirken in ihrem Leben zu entdecken.

Gott ist unser Begleiter und Vorbild in Elternschaft. Er zeigt uns, was er in unseren Kindern sieht.

Gottes Idee von Familie soll Heilung, Rettung und Segen bringen, auch über die Kernfamilie hinaus.

Gott zeigt sich in Familie.

Tiefer gehen

1. Korinther 5,5: Außerhalb des Schutzraums

Maleachi 3,23-24: Eltern und Kindern wenden sich einander zu

Johannes 2,12-14: Die Glaubensstärken der verschiedenen Generationen

Johannes 4,12: Wie Gottes Liebe sichtbar wird

1. Samuel 1–2: Eli und seine Söhne

1. Könige 18: Elia und die Baalspriester

1. Korinther 14,33: Frieden ist Gottes Ordnung

Lukas 1: Zacharias erkennt seinen Sohn

Joel 3,1-2: Wo der Geist Gottes sich ausgießt

1. Mose 16,13: Du bist ein Gott, der mich sieht

Lukas 2,7: Jesus wird geboren

Jesaja 5,12: Erkennen, was Gott tut

Jeremia 29,13-14: Wer ihn sucht, wird ihn finden

Anmerkungen

1 Close, Text & Melodie: Aodhan King & Dean Ussher, © 2013 Hillsong Music Publishing Australia, Printrechte für D, A, CH: SCM Hänssler, Holzgerlingen.

2 Nah, Originaltitel: Close, Text & Melodie: Aodhan King & Dean Ussher, deutsch: Martin Bruch, Hanna Bruch & Sarah Siegmund, © 2013 Hillsong Music Publishing Australia, Printrechte für D, A, CH: SCM Hänssler, Holzgerlingen.

3 Name wurde geändert, um die Persönlichkeitsrechte zu schützen.

4 Name wurde geändert, um die Persönlichkeitsrechte zu schützen.

5 Humble King, Text & Melodie: Brenton Brown, © 1999 Vineyard Songs UK/Eire, für D, A, CH: SCM Hänssler, Holzgerlingen.

6 Demütiger Herr, Originaltitel: Humble King, Text & Melodie: Brenton Brown, deutsch: Daniel Jacobi, © 1999 Vineyard Songs UK/Eire, für D, A, CH: SCM Hänssler, Holzgerlingen.

7 Name wurde geändert, um die Persönlichkeitsrechte zu schützen.